크리스천 대화 코칭

마음을 표현하고 읽는 일이 도무지 자신 없을 때

크리스천 대화코칭

이정현 지음

좋은씨앗

크리스천 대화 코칭

초판 1쇄 발행 / 2011년 7월 15일
초판 4쇄 발행 / 2013년 11월 4일

지은이 / 이정현
펴낸이 / 신은철
펴낸곳 / 도서출판 좋은씨앗
출판등록 / 제4-385호(1999. 12. 21)
주소 / 서울시 서초구 양재동 2-30번지, 덕성빌딩 4층(137-130)
영업부 / 전화 02) 2057-3041 / 팩스 02) 2057-3042
편집부 / 전화 02) 2057-3043
홈페이지 www.gsbooks.org

본 저작물의 판권은 저자와 독점계약을 맺은 〈좋은씨앗〉에 있습니다.
저작권법에 의하여 보호받는 저작물이므로 무단전재와 무단복제를 금합니다.

ⓒ 이정현, 2011

ISBN 978-89-5874-171-8 03230
Printed in Korea

너와 나 사이에 다툼과 잔소리가
많아지는 것은 공감이 부족하다는 증거다.
공감은 천국의 방언이다.

추천의 글

마음속 이야기를 지혜롭게 표현한다!

김재육 목사 (삼일교회)

선한 말은 꿀송이 같아서 마음에 달고 뼈에 양약이 되느니라(잠 16:24).
경우에 합당한 말은 아로새긴 은 쟁반에 금 사과니라(잠 25:11).

최근 잠언 강해 설교를 하며 성경이 말에 대한 교훈을 얼마나 중요시 여기는지 새삼 깨닫는다. 소통의 부재와 내 말만 고집하는 일방적인 대화가 우리 가정과 사회를 다툼의 장으로 만드는 시대에 이 책은 결혼을 앞둔 젊은이들과 행복한 가정을 꿈꾸는 부부들의 필독서다. 특히 마음속 이야기를 지혜롭게 표현하는 대화 방법의 이론과 실제가 큰 도움이 될 것이다. 한국교회에 꼭 필요한 청년 사역에 저자가 오랫동안 헌신하며 데이트와 결혼 준비, 대화법 등으로 전국 주요 교회와 단체에서 강의해온 내용을 더 깊이 연구하여 정리한 이 책을 기쁜 마음으로 추천한다.

의사소통의 매뉴얼로 안성맞춤!

이삼열 목사 (수영로교회)

　한국교회 모든 청년들이 기독교 세계관에 입각하여 이성을 만나고 행복한 가정을 이루길 소원하는 귀한 비전을 품고 전국을 뛰어다니는 열정의 이정현 대표가 대화법에 관한 책을 내서 얼마나 기쁘고 감사한지 모른다.

　인간관계 맺는 방법에 서툰, 특히 대화의 기술에 대해 잘 모르는 청년들이 읽고 익혀서 적용하기 좋은 책이 될 것이다. 저자가 현장에서 수많은 청년들을 만나 상담한 이야기들을 예로 들며 대화 상의 문제들을 풀어나가므로 의사소통의 매뉴얼로 사용하기에 안성맞춤이다.

　이성교제를 하거나 사회 진출을 준비하는 청년들은 물론 소통하는 대화로 아름다운 가정을 만들어 가고자 하는 부부들, 교회에서 직분을 맡고 구성원들의 필요와 원하는 바를 잘 헤아려 섬기고자 하는 리더들에게 적극 권한다.

CONTENTs

추천의 글　6
여는 글 : '내 마음 알아줘' 의 진실　10

part 1
관계를 살리는 말, 죽이는 말

01 소통하는 말하기의 기본 원칙　19
02 객관적인 사실을 말하라　27
03 감정과 느낌을 표현하라　31
04 욕구와 필요를 구체적으로 말하라　51
05 적용 : 올바른 자기 주장　64

part 2
내 귀를 열면 상대의 마음이 열린다

01 경청하는 태도와 방법　79
02 공감적 경청이란?　85
03 상대의 관점에 서라　90

04 내면의 목소리를 들으라　100
05 공감적 경청의 유익　111
06 적용 : 공감적 경청의 기본 자세　124

part 3
상대를 존중하면서 나를 지키는 대화법

01 비난에 대처하는 우리의 자세　155
02 영역의 한계를 세우라　178
03 거절에도 왕도가 있다　201

닫는 글 : 내 마음이 들리니?　226
appendix : 감정 단어장　229

'내 마음 알아줘'의 진실

여호와의 말씀에 내 삶을 두고 맹세하노라 너희 말이 내 귀에 들린 대로 내가 너희에게 행하리니(민 14:28).

하나님은 우리가 생각한 대로 행하지 않고 말한 대로 행한다고 하셨다. 하나님께서 말을 얼마나 중요하게 생각하시는지 알려주는 성경 말씀이다. 사람과 사람의 관계에서도 말과 원활한 의사소통의 중요성은 아무리 강조해도 지나치지 않다.

식당에서 한 손님이 "삐삐 친 분 불러주세요!"라고 말했다. 그러자 사오정이 소리쳤다. "빼빼 마른 분 찾아요!" 그 말을 듣고 손님이 다시 "아니, 호출한 분 찾아요!"라고 말하자 사오정은 다시 소리쳤다. "아니, 홀쭉한 분 찾는답니다."

사오정이 애인을 오토바이에 태우고 달린다. 애인에게 멋있게 보이려고 최대한 속력을 올리고 갖은 폼을 다 잡는다. 뒤에 탄 애인이 너무 무서워 소리를 지른다. "야, 무섭단 말이야. 천천히 달려." 그러자 사오정은 "흐흐, 나도 사랑해" 하며 더 속력을 낸다. 애인이 소리친다. "당장 안 세워? 지금 안 세우면 우리는 끝장이야!" 사오정은 대답한다. "흐흐흐, 알았다고. 나도 사랑한다니깐~"

한때 유행했던 사오성 유머다. 상대의 말을 제대로 알아듣지 못해 일어나는 우스꽝스러운 상황을 그리고 있다. 제3자의 입장에서 보면 이런 상황이 재미있게 느껴질 수 있다. 그런데 나와 대화하는 사람이 내 말을 이렇게 못 알아듣는다면 어떻겠는가? 아주 답답하고 속상할 것이다.

그나마 상대가 이렇게 말을 정확하게 듣지 못하는 경우는 '그럴 만한 상황과 입장이 있겠지' 하며 이해할 수 있다. 더 큰 갈등은 상대가 말귀가 어두운 게 아니라 내 마음을 이해하지 못하는 경우에 일어난다. 그럴 경우 섭섭한 것은 물론 원망하는 마음이 들 것이다. 같이 있어도 소외된 것 같고 외로움을 느낄 수도 있다. 몸은 옆에 있는데 마음이 딴 데 가 있는 것보다 서운한 일도 없기 때문이다. 특히 연인이나 가족, 친구처럼 의미 있는 사람이 내게 그럴 경우 얼마나 가슴이 아프겠는가? 평소에 'ㅇㅇ만큼은 나를 이해해주고 내게 관심이 있을 거야'라고 믿는 사람들이기 때문이다.

오랜 만에 즐기는 금요일 저녁 데이트! 무슨 일인지 씩씩거리며 나타난 남자 친구는 반기는 여자 친구의 얼굴은 보는 둥 마는 둥 커피숍 의자에 서류 가방을 냅다 던지고 앉더니 찬물을 벌컥벌컥 들이킨다. 그러고는 들으라고 하는 소리인지, 혼자 하는 소리인지 열내며 상사를 욕하기 시작한다. 여자 친구는 욕까지 하며 화를 내는 남자 친구의 모습이 낯설고 걱정된다. '저 사람이 내가 아는 남자 맞아? 나중에 나랑 싸우면 저렇게 화내는 거 아냐?'

여자 : 왜 욕을 하고 그래.

남자 : 시키는 대로 했는데 나 때문에 문제가 생겼다고 부장이 펄펄 뛰면서 뭐라고 하잖아.
여자 : 그래도 상사인데 그렇게 욕하면 되겠어?
남자 : 너 같으면 억울한데 좋은 말이 나오겠니?
여자 : 그래도…
남자 : 너하곤 말이 안 통해. 내 마음 알아줄 생각은 전혀 없지?

이 대화에서 여자는 남자 친구가 상사와 관계가 나빠질까 봐 걱정되고 앞으로 자기에게도 그런 식으로 화를 낼까 봐 무섭기도 하다. 그런데도 남자 친구는 그런 여자 친구의 마음을 헤아리지 못하고 자기 마음도 몰라준다며 더 화를 낸다.

한편 남자의 입장은 어떨까? 남자도 억울한 자기 마음을 몰라주는 여자 친구가 야속하기만 하다. 가르치려는 태도도 못마땅하다. 상사를 욕하는 게 나쁜 태도라는 것은 알지만 당장은 여자 친구에게 심정을 이해받고 싶은데 말이다. 중요하고 의미 있는 여자 친구에게 인정받지 못하니 더 속상하다. '이럴 바에야 차라리 아무 말도 하지 말걸' 하는 후회가 든다.

당신이라면 이런 상황에서 어떻게 대화를 풀어가겠는가?

생텍쥐베리는 〈어린왕자〉에서 "사람은 오직 마음으로만 올바로 볼 수 있어. 본질은 눈에 보이지 않아"라고 말했다. 마음으로 소통하지 못하면 서로 친밀해지거나 신뢰하기 어렵다. 사랑을 놓칠 수 있다. 내 마음을 잘 표현하지 못하고, 상대의 마음을 잘 읽고 해석하는 능력이 없다면 둘의 관계는 점점 멀어지거나 비틀어질 수 있다. 한편 상대가 내 마음을 알아준다면 어떻겠는가? '이 사람은 나를 받아들이고 인정해주는구나' 라는 생각이 들며 따뜻한 사랑을 느끼게 될 것이다.

대화법에서 마음을 달리 표현하자면 '내면의 목소리' 라고 할 수 있다. '내면의 목소리' 란 구체적으로 느낌과 욕구를 말한다. 사람의 마음 상태에 따라 변화무쌍하게 일어나는 감정(느낌)과 그것에 연결된 욕구 말이다. 그렇다면 말하기는 '자신의 감정과 욕구를 표현하는 기술' 이고, 듣기(경청)는 '상대의 감정과 욕구를 읽고 표현하는 기술' 이다. 즉 적절한 의사소통법은 '자신의 감정과 욕구를 정확하게 표현하고 상대의 감정과 욕구를 읽고 표현하는 기술' 인 셈이다.

그냥 말한다고 내 맘이 전해질까? 들리는 대로 듣는다고 상대의 맘을 알 수 있을까? 그렇지 않다. 의사소통은 배우고 익혀야 하는 지식이자 지혜다. 다른 사람과 대화를 할 때 상대의 말을 처음부터 끝까지 완전히 이해하기란 힘들다. 자신이 의도한 바를 언어로 완벽하게 구현하기도 어렵다. 언어 자체에 한계가 있을 뿐 아니라 인간의 언어 표현에도 한계가 있기 때문이다. 자신의 심리적 욕구들을 숨김 없이 언어로 나타내고, 세상의 갖가지 현상을 정확하게 언어로 표현한다는 게 만만한 일이 아니다. 그러기 위해선 좋은 대화 방법과 기술을 배우고 훈련해야 한다.

의사소통이란 나와 상대가 가지고 있는 생각이나 뜻이 서로 통한다는 의미다. 어떻게 해야 잘 통할 수 있을까? 그 방법과 원리를 잘 알고 사용한다면 인간관계가 원만해지고 서로 성장할 수 있을 것이다.

이제부터 어떻게 잘 말하고 들을 수 있는지 그 방법을 구체적으로 살펴보겠다.

관계를 살리는 말, 죽이는 말

- 소통하는 말하기의 기본 원칙
- 객관적인 사실을 말하라
- 감정과 느낌을 표현하라
- 욕구와 필요를 구체적으로 말하라
- 적용 : 올바른 자기 주장

오직 사랑 안에서 참된 것을 하여(진실을 말하여) 범사에 그에게까지 자랄지라 그는 머리니 곧 그리스도라. _에베소서 4:15

01 소통하는 말하기의 기본 원칙

　화창한 봄날 두 연인이 고속도로를 질주하며 기분 좋게 데이트를 즐기고 있다. 날씨도 화창하고 사랑하는 여자 친구와 드라이브를 하니 남자는 기분이 아주 좋았나. 마침 고속도로에는 차가 많지 않아 속도를 내기에 적당했다. 그래서 처음에는 규정 속도 100킬로미터로 달리다가 점점 속도를 올리기 시작했다. 120킬로미터를 달리는데도 장애될 게 없자 140을 훌쩍 넘겨 160킬로미터까지 달렸다. 옆 좌석의 여자 친구는 불안해졌다.

　여자 : (너는) 왜 이렇게 빨리 달리니? 그러다가 사고라도 나면

어떡해. 좀 천천히 달려.

남자 : (운전도 못하는 주제에 왜 빨리 달리냐고? 그렇게 내 실력을 못 믿는 거야?) 그동안 사고 한 번 안 났으니 걱정하지 마. 뭐가 불안해! 신나잖아. 좀 더 속도를 올려볼까? (더 빨리 달린다.)

여자 : 누가 뒤에서 쫓아오니? 속도 좀 줄여.

남자 : 싫어.

여자 : 그럼, 그냥 여기에 세워줘. 불안해서 너랑은 같이 차 못 타겠어.

남자 : 세워달라면 못 세울 줄 알아? (차를 갓길에 세운다.)

좋았던 분위기가 갑자기 싸늘해지며 두 사람 모두 기분이 엉망이 되었다. 왜 이렇게 되었을까?

이 대화를 다른 식으로 풀어가보자.

여자 : 날씨도 좋고 자기랑 드라이브하니 정말 기분이 좋아. 자기는 운전도 아주 잘하네! 그런데 100킬로미터로 달리면 안 될까? (요청)

남자 : 왜? 규정 속도는 100킬로미터지만 차가 없으면 조금씩

part 1 · 관계를 살리는 말, 죽이는 말

빨리 달려도 돼. 교통은 규정도 필요하지만 흐름을 따라가는 것도 중요해.

여자 : 네 말도 맞아. 그런데 전에 교통사고 당한 후로는 100킬로미터 이상 달리면 (객관적 관찰) 사고날까 봐 불안해. (감정표현) 속도위반으로 걸리면 벌금도 내야 하잖아. 요샌 이동식 과속 측정기도 있다던데. 좀 더 여유롭게 드라이브를 즐기고 싶어. (욕구) 내 부탁 들어주면 좋겠는데. (요청)

남자 : (차를 너무 빨리 몰아서 불안해하는구나.) 그래, 너와 함께 있기만 해도 기분 좋은데 천천히 달릴게.

여자 : 고마워. 속도를 줄이니 여유도 생기고 단속에 걸릴까 봐 신경 안 써서 좋아.

남자 : 정말 그러네.

위의 예에서 보듯이 대화를 어떻게 풀어나가느냐에 따라 결과는 완전히 달라진다. 두 대화의 차이를 한번 찾아보자.

먼저, 앞의 대화에서는 여자가 남자 친구를 비난하며 판단하듯이 말했다. 그래서 남자는 기분이 상했다. 비난당한다고 생각되면 누구나 자신을 방어하며 저항하게 마련이다.

두 번째 대화에서는 여자가 남자 친구에게 자신의 감정을 말하고 원하는 것을 요청하는 모습을 보인다. 내 감정이 이러이러하니 이렇게 해주기를 바란다는 식으로 요청하면 상대는 그 말을 보다 긍정적으로 들을 수 있게 된다. 따라서 상대가 어떻게 느끼고 무엇을 요구하는지 알게 된다. 정확한 의사소통이 이루어지는 것이다.

두 대화의 또 다른 차이점은, 주어가 앞의 대화에서는 상대(너)인 반면에 나중의 대화에서는 자신(나)이라는 점이다. 자신의 감정과 욕구를 정확하게 표현하려면 자신(나)을 주어로 사용해야 한다. 상대(너)를 주어로 사용하면 말하는 사람의 느낌을 제대로 전달하기 힘들다.

실제로 의사소통에 걸림돌이 되는 요소를 살펴보면 상대(너)를 주어로 사용하는 경우가 많다. 이 책에서는 자신(나)을 주어로 사용해서 적절하게 표현하는 방법을 '나 전달법'(I Message)이라고 하겠다. '일인칭 전달법'이라는 용어를 사용하는 사람도 있지만 대부분의 관련 서적에서는 '나 전달법'이라고 표기하고 있다. 상대(너)를 주어로 사용하는 대화 방법은 '너 전달법'(You Message)이라고 하겠다.

권위 있고 검증된 좋은 대화법의 예로 '부모역할훈련'(Parent

Effectiveness Training, P.E.T)과 '비폭력 대화방법'(Non Violent Communication, NVC)을 소개하고 싶다. 두 가지 대화법 모두 크게 다르지 않은 내용과 형식을 가지고 있다. 용어와 이론적 접근 방법에서만 차이가 날 뿐이다.

이 둘의 공통된 사항을 정리하면 다음과 같다.

첫째, 판단이나 비평의 말이 아닌 객관적으로 관찰한 사실을 말한다.
둘째, 자기 감정과 느낌을 말한다. 자신의 감정을 잘 살펴보고 그 마음의 상태를 상대에게 표현한다.
셋째, 자신의 욕구와 필요를 구체적으로 말한다.

이해를 돕기 위해 다른 예화를 들어보겠다.

최근에 재섭은 신앙이 없는 여자 친구 주희를 전도해서 교회에 함께 다니고 있다. 그런데 여자 친구가 아직 신앙이 어려서 주일에 가끔 교회에 빠지는 상황이다. 재섭은 그런 모습이 안타깝고 걱정되기도 한다.

'너 전달법'으로 대화한 경우

재섭 : (너) 지난 주일에 왜 교회에 나오지 않았어? 그러니까 다른 사람들이 뭐라고 하지!

주희 : ("신앙심도 없는 주제에 주일 예배까지 빠지다니. 그러니 다른 사람들이 너보고 형편없다고 말하지"라고 남자 친구의 말을 해석함) 어쩌다 한두 번 빠진 것 가지고 왜 그래. 너는 빠지는 날 없니? 그럴 수도 있는 거 아냐?

재섭 : 그럴 수 없어. 주일에는 예배가 최우선이야.

주희 : 그래? 교회 다니기 정말 힘드네. 무슨 규정이 그렇게 엄격해. (남자 친구가 자기를 비난하는 것 같아 싫다. 더 이상 자기를 사랑하지 않는 것 같다. 거리감이 느껴진다.)

'나 전달법'으로 대화한 경우

재섭 : 네가 지난 주일날 교회에 안 나와 (객관적 사실) (나는) 걱정돼서 (감정) 기도했어. 청년부원들이 네가 가끔 빠지는 것에 대해 얘기하니 기분 나쁘기도 하고. (감정) 주일에는 다른 약속 잡지 말고 교회에 나와 예배 드리면 좋겠다. (욕구와 부탁)

주희 : (나 때문에 걱정했구나. 날 위해 기도까지 하다니. 그런데 어쩌다 교회 한 번 안 간 게 뭐가 잘못되었다는 거야?) 중요한 약속이 있어서 교회에 못 갔어. 그게 잘못이야?

재섭 : 잘못이라기보다 우선순위 문제야. 주일에는 예배가 최우선이거든. 십계명에 주일을 기억하고 거룩하게 지내라고 쓰여 있어.

주희 : 앞으로 가능하면 안 빠지도록 노력할게.

재섭 : 고마워. 네가 그런다니 안심이다. (감정)

주희 : 고맙긴. 앞으로도 내가 모르는 게 있으면 알려줘.

:: coaching point ::

소통하는 말하기의 3가지 원칙

❶ 판단이나 비평의 말이 아닌 객관적으로 관찰한 사실을 말한다.
❷ 자기 감정과 느낌을 말한다. 자신의 감정을 잘 살펴보고 마음의 상태를 상대에게 표현한다.
❸ 자신의 욕구와 필요를 구체적으로 말한다.

02 객관적인 사실을 말하라

　상대에게 무언가를 말할 때, 특히 잘못을 지적할 때는 상대를 판단하거나 비난하지 않고 객관적으로 관찰한 사실을 말해야 한다. 그렇지 않으면 상대는 인격적으로 공격당했다고 생각해 저항감을 갖게 된다. 그 결과 무의식적으로 자신을 방어하거나 공격적인 태도를 취하게 된다. 또한 말과 행동에 초점을 맞춰서 말하면 상대에게 비난처럼 들리기 쉽다. 따라서 상대가 내 말을 원래 의도대로 이해할 가능성이 줄어든다.
　대화의 목적은 좋은 인간관계를 맺는 데 있다. 서로 의사소통을 잘하기 위해 다리를 연결하는 것이다. 그런데 상대를 평가하면 둘 사이에 벽이 쌓이면서 차츰 서로를 이해하기 힘들어진다.

> 평가하는 말 : 네가 이기적이라서 우리가 정말 연인 사이인지 회의 들 때가 있어.
> 객관적 관찰 : 밥 먹고 나서도 돈을 각자 내니까 우리가 정말 연인 사이인지 회의 들 때가 있어.

위와 같이 상대에게 평가하는 말을 듣는다면 어떤 느낌이 들겠는가? 내가 왜 이기적인지 확인하고 싶고 정말 그렇다면 행동을 고쳐야겠다는 생각이 드는가? 아마도 그렇지 않을 것이다. 오히려 '이기적'이라는 상대의 평가에 저항감이 생기며 자연스레 이렇게 받아치게 될 것이다. "내가 뭘 어쨌다고 이기적이라는 거야?" "기분 나쁜 말만 골라서 하네. 그러는 너는 이기적인 행동을 한 적 없니?"

상대가 위와 같이 말했다면 원래의 의도는, 데이트할 때마다 각자 비용을 부담하는 게 어색해 다른 좋은 방법을 찾고자 함이었을 것이다. 그런데 그러한 의도로 이해되었는가? 상대가 평가하는 말에 자신을 방어하기 바빠서 원래 말의 의도를 제대로 파악하기 힘들었을 것이다.

반면에 객관적으로 관찰한 말을 들으면 어떻겠는가? 아마 '데이트 비용을 각자 내는 게 영 어색한 모양이네' 또는 '무슨 말을 하는지 알 것 같아' 하며 별 저항감 없이 말하는 사람의 의도를 헤아려보았을 것이다.

인간은 모든 사물의 현상과 상대의 마음을 정확하게 평가하고 판단할 수 없다. 스토아 철학자 에픽테투스(Epictetus)는 "인간은 사물로 인해 고통 받는 것이 아니라 그것을 받아들이는 관점으로 인해 고통 받는다"라고 말했다. 다른 말로 하면, 장애란 대체로 어떤 일들이 인간의 지각과 평가, 개인의 철학으로 이루어진 가치 체계를 통과하며 생겨난다는 뜻이다.

인간의 판단과 평가는 주관적인 가치판단을 따르는 것이므로 객관적이지도, 정확하지도 않다. 사물을 완벽하게 보지도 못한다. 뮬러-라이어(Muller-Lyer)의 착시현상 실험을 예로 들어보겠다.

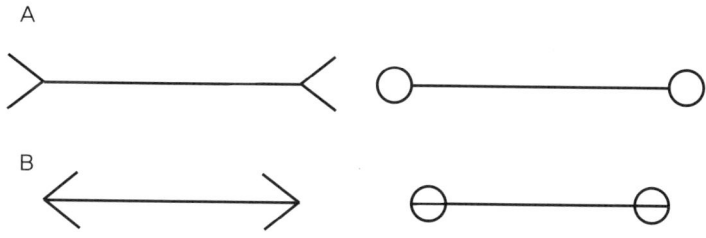

A와 B, 두 선의 길이는 같다. 그런데 두 선의 길이가 같게 보이는가? 그렇지 않다. B가 A보다 짧게 보인다. 착시현상 때문이다. 이처럼 우리의 감각은 무언가를 정확하게 판단하고 평가하기에 불완전하다. 상대의 마음을 완전하게 읽고 평가하는 것도 불가능한 일에 속한다.

다른 사람과 의사소통을 할 때 우리가 얻는 단서는 애매모호한 경우가 많다. 그래서 불명확한 메시지를 보고 지레 짐작하거나 속기 쉽다. 다른 사람의 말이나 행동 뒤에 숨은 의식적 또는 무의식적인 마음을 모두 파악하기란 아주 어려운 일이다. 그러니 이따금 실수를 하는 게 당연하다.

결론적으로, 올바른 의사소통을 하려면 상대를 평가하기보다는 객관적으로 관찰한 내용을 말해야 한다. 의식적으로라도 그렇게 말하려고 노력할 필요가 있다.

03 감정과 느낌을 표현하라

즐거운 데이트 날, 연인 둘이 작고 앙증맞은 차를 타고 길을 나섰다. 오늘은 여자가 차를 가지고 나와 운전석에 앉았다. 그런데 오른쪽으로 차선 변경을 하려니 남자 친구 때문에 오른쪽 백미러가 보이지 않아 순간 당황한다. 차가 워낙 작아서 운전석 옆자리에 덩치 큰 사람이 앉으면 간혹 그런 경우가 생긴다. 운전을 할 줄 모르는 사람도 아니고 그럴 때면 알아서 몸을 비켜주면 좋으련만 눈치 없는 남자 친구는 부시럭거리며 과자 봉지만 뜯고 있다. 여자의 표정이 어두워진다.

이런 상황에서 당신이 운전자라면 어떻게 하겠는가?

먼저, 운전자가 느낀 부정적인 감정을 아주 사소하고 일상적인 일로 여기며 무시한다고 가정해보자. 오랜 만에 둘이 교외로 데이트하러 가는 날이다. 남자 친구도 나름대로 멋진 하루를 보낼 것에 기대가 부풀어 있을 것이다. 그런 기분을 고려해 여자는 내색을 하지 않는다. 부정적인 감정과 욕구를 의식적으로 혹은 무의식적으로 억제하거나 억압하는 것이다. 그럴 경우 여자는 해소하지 못한 불만스러운 감정 때문에 자기중심적으로 상대를 비난하고 나설 수 있다.

'차선 변경을 하려면 오른쪽 차선을 봐야 하는데 자기가 백미러를 완전히 막고 있다는 사실도 모르나? 알아서 좀 비키지. 하여튼 눈치도 없고 멍청해.' 결국 여자의 마음속에 남자 친구에 대한 잘못되고 왜곡된 인식이 자리 잡을 수 있다.

문제는 여기서 그치지 않는다. 이러한 오해와 왜곡된 인식들이 쌓여 언젠가는 엉뚱하게 터질 수 있다. 전혀 다른 일로 갈등이 생기거나 말다툼할 때 속에 차곡차곡 쌓였던 감정이 자신도 모르게 튀어나오는 것이다. "너는 항상 그렇게 눈치코치도 없지!"

이번에는, 운전자가 다른 방법으로 부정적인 감정을 표현한다고 가정해보자. 여자는 먼저 상황을 고려하며 지금의 감정을 말하는 게 좋을지 말지 헤아려본다. 모처럼의 데이트를 망칠까 봐 염려된다면 당장은 참고 나중에 말할 기회를 기다리는 편이 현명할 것이다. 그리고 적절한 상황에서 차분하게 남자 친구에게 자신의 감정을 얘기한다.

여자 : 내 차가 작아서 조수석에 누가 앉아 있으면 간혹 오른쪽 백미러가 안 보일 때가 있어. 좀 전에 차선 변경할 때 그래서 당황했어. (감정 표현) 그런 줄도 모르고 비켜주지 않는 자기에게 짜증도 좀 났고. (감정 표현)

남자 : 그랬어? 전혀 몰랐어.

여자 : 앞으로는 차선 변경할 때 나 대신 오른쪽을 봐주거나 고개를 숙여주면 좋겠어. (욕구와 부닥)

남자 : 그래.

다른 예를 하나 더 들겠다.

선화와 준수는 같은 교회 청년부원으로 교제한 지 꽤 된 동갑내기 커플이다. 둘은 다음날 있을 청년부 전도집회를 준비하느라 밤늦게까지 교회에 남아 있었다. 선화는 순서지를 접으며 "준수야, 쓸데없이 돌아다니지 말고 이리 와서 일 좀 거들어"라고 말했다. 사실 준수는 쓸데없이 돌아다니는 게 아니라 다음날 집회 준비에 빠진 건 없는지 최종 점검을 하고 있었다. 그래서 억울했다. 선화가 자기를 비난하고 무시하는 것 같아 화도 났다.

이 상황도 마찬가지다. 밤늦게까지 일하느라 피곤한 상황에서 준수는 선화에게 자신의 억울하고 화난 감정을 표현하지 않으면 마음이 못내 불편해질 것이다. 여자 친구 선화에 대한 왜곡되고 잘못된 인식이 쌓여갈 것이다. '쟤는 툭하면 나를 무시해. 말도 함부로 하고 만날 잔소리야.' 그러다가 어느 날 엉뚱한 데서 느닷없이 감정이 폭발할 수 있다. "너는 항상 나를 무시하잖아. 그러는 거 이젠 지겨워!"

꼭꼭 눌러둔 감정이 엉뚱한 데서 터지기 전에 감정과 욕구를 지혜롭게 표현하는 방법을 생각해보자. 준수는 선화의 말에 기분이 상했지만 일단 선화의 요구에 긍정적으로 응한다. 그 다음 적절한 기회에 그때 느낀 자신의 감정과 욕구를 얘기한다.

준수 : 좀 전에 네가 나보고 쓸데없이 돌아다니지 말고 와서 도와달라고 했잖아. 그때 나 사실 다음날 집회 준비에 뭐 빠

진 게 없나 최종 점검하고 있었어. 그래서 억울했어. (감정 표현) 네가 나를 무시하는 것 같아 속상하고 화도 났어. (감정 표현)

선화: 어머. 내가 그랬어? 정말 미안해. 나도 모르게 그만….
준수: 나도 네가 일부러 그렇게 말했다고는 생각하지 않아. 그래도 앞으로는 '쓸데없이'라는 말은 안 했으면 좋겠어.
선화: 그래. 조심할게.

감정은 자연스러운 나의 일부다

사람은 누구나 감정을 가지고 있고 수시로 다양하게 느낀다. 감정은 자연스러운 느낌이고 나라는 존재의 일부다. 감정은 신체의 일부처럼 나와 항상 함께하고 스스로 존재한다. 감정은 나의 욕구가 무엇이고 내가 무엇을 만족해하고 불만스러워하는지 얘기해준다. 감정이라는 에너지가 없다면 우리는 자신이 무엇을 원하는지 본질적으로 알 수 없다.

또한 감정은 하나님이 주신 선물이다. 하나님은 정서를 지닌 존재로 우리를 창조하셨다. 감정 자체가 잘못되었거나 나쁜 게 아니다. 다만 감정에 어떻게 반응하고 감정을 조절하며 표현하느냐가 중요하다. 좋건 싫건 감정을 느낀다는 것은 우리가 살아 있다는 증거다. 사랑과 열정, 기쁨, 행복 등이 있어 우리의 삶은 더 반짝거리고 풍성해진다. 필립 스위하트(Philip J. Swihart)는 "인간은 감정이 있어 하나님을 더 잘 이해할 수 있다"라고 말했다.

하나님이 인간을 창조하실 때 "우리의 형상을 따라 우리의 모양대로 우리가 사람을 만들자"고 하셨으며 "하나님이 자기 형상 곧 하나님의 형상대로 사람을 창조하시되 남자와 여자를 창조하셨다"(창 1:26-27)라고 성경은 말한다.

그렇다면 정서는 우리가 이해할 수 있는 방식으로 하나님의 속성을 반영해주는 것이라고 할 수 있다. 우리는 정서를 경험하면서 하나님에 대해 좀 더 알 수 있다. 하나님이 주신 감정을 통해 무한하신 하나님, 그래서 우리 머리로는 도저히 이해할 수 없는 그분을 아주 조금이나마 이해하게 된다.

하나님은 우리를 감정 없는 피조물로 창조하실 수도 있었다. 그랬다면 우리는 하나님과의 관계는 물론 인간 상호 간의 관계를 누릴 능력조차 갖지 못했을 것이다. 우리에게 정서가 없다면 공포와 슬픔, 짜증 같은 부정적인 감정들을 맛보지 않아도 되지만 동시에 만족감, 사랑, 유머 감각 역시 사라지고 말 것이다.

정서가 없다면 우리는 속빈 강정에 불과합니다. 하나님께서 우리를 지으시되 감정 없는 존재보다 감정 있는 존재로 만들기로 작정하신 것은, 하나님이 단조로운 흑백으로 새겨 넣는 것에 스스로를 제한하지 않으시고, 생동적인 색채와 결을 지닌 아름다운 유화 물감을 사용하기로 하신 것입니다(「감정은 하나님의 선물입니다」, 필립 스위하트, IVP, p.14-18).

감정은 이해되고 표현되어야 한다

감정은 주관적이고 수시로 변하기에 정확히 이해하거나 도식화하기 어렵다. 그 범위도 너무 넓어 "감정은 이러이러한 것"이라고 정의내리기도 쉽지 않다. 그럼에도 감정에는 누구나 인정할 수 있는 일정한 특징과 속성이 있다. 즉 '감정은 이해되고 표현되어야 한다'는 것이다. 감정은 '무의식'이 '의식 세계'에 보낸 이메일과 같다. 우리가 메일을 열어볼 때까지 감정은 사라지지 않고 그대로 머릿속에 보존된다. 메일을 열어보는 방법은 표현하는 길밖에 없다.

모든 감정에는 이유와 목적이 있다. 선화와 준수의 예에서 준수가 자신의 부정적인 감정들을 사소한 것으로 여기고 무시한다고 가정해보자. 또는 선화와 사이가 나빠질까 봐 말하지 않는다고 생각해보자. 가장 우려되는 상황은 선화가 준수의 느낌과 욕구를 몰라서 다음에 비슷한 상황에서 같은 실수를 반복할 수 있다는 것이다. 준수가 어떻게 느끼고 무엇을 바라는지 전혀 눈치채지 못할 것이기 때문이다. 그러니 마음 상하고 불편한 일이 계속 생길 것이다. 결국 오해가 깊어지고 둘 사이가 나빠지다가 엉뚱한 곳에서 감정이 폭발해 완전히 등을 돌리게 될 수 있다.

감정을 표현하지 않으면 어떻게 되는가?

사람들과 친밀한 관계를 유지하기 위해선 감정을 잘 표현하는 게 중요하다. 자기 감정을 표현하지 않으면 누가 그 마음을 알아주겠는가? 안타깝게도 우리 대부분은 어려서부터 자신의 느낌과 욕구를 표현하는 방법을 제대로 배우지 못했을 뿐 아니라 그렇게 하는 것을 억제 당했다. 어떤 감정은 무조건 '나쁜 것'이라고 배웠다.

예를 들면 "화내면 너만 손해야. 화내지마!" "계집애처럼 만날 질질 짜니. 남자는 우는 게 아니야" "어떻게 옆집 애보다 성적이 못 하니. 창피하지도 않니?" 하는 소리를 들으며 자랐다.

어른들은 자신이 만들어 놓은 '일정한 틀'에 아이들을 맞추려고 압력을 가한다. 그 결과 우리는 어릴 때부터 감정을 구분 짓는 일에 익숙해졌다. 솔직한 감정을 감추기 시작했다. 학교와 집에서 배운 기준대로 '좋은 감정'과 '나쁜 감정'을 구분한다. 감정이 자신의 사회적 이미지와 어울리지 않다고 생각되면 그것을 가슴 속에 숨겨두려고 한다. 예를 들어 화나거나 슬픈 느낌은 무조건 '나쁜 감정', 즐거운 마음은 무조건 '좋은 감정'이라고 선을 긋고 감정을 뒤틀리게 인식한다. '화나도 참아야 한다. 슬프고 괴로워도 울면 안 된다. 단점과 잘못을 절대로 티 내면 안 된다.'

이런 식으로 감정을 잘못 다루면 인간관계와 의사소통에 많은 어려움이 생긴다. 감정에 귀 기울일 줄 모르면 우리의 영혼은 억눌리고 왜곡되고 만다. 사실 감정은 억누른다고 사라지는 게 아니라 어떤 모양으로든 바깥으로 튀어나오기 마련이다.

어떻게 하면 감정을 잘 표현할 수 있을까? 먼저 감정을 표현하지 못했을 때 어떤 문제가 생기는지 살펴보자.

첫째, 언젠가 엉뚱하게 폭발한다.

감정을 부인하는 것은 가슴속에 언제 터질지 모르는 시한폭탄을 달고 다니는 것과 같다. 그 폭탄은 전혀 예상하지 못한 엉뚱한 곳에서 자신의 의도와는 상관없이 터질 수 있다.

어느 심리학자는 부정적인 감정을 억누르는 것을 물 위에 뜬 나무토막을 물속에 잠기게 하려고 누르는 행동에 비유했다.

물통 속에 눈에 거슬리는 나무토막이 하나 떠 있다. 나무토막을 제거하는 가장 간단한 방법은 건져내는 것이다. 즉 감정이 떠오르면 그것을 잘 표현하면 된다. 그런데 임시방편으로 나무토막을 손으로 눌러 물속에 잠기게 하는 경우를 생각해보자. 감정을 남에게 보이기 싫어 가슴속에 꾹꾹 눌러놓는 것이다. 손을 뗄 경우 나무토막은 다시 물위로 떠오를 것이다. 나무토막을 계속 잠겨 있게 하기 위해서는 계속 손에 힘을 주고 있어야 한다.

그런데 보기 싫은 나무토막이 하나 더 생기면 어떻게 하겠는가? 다른 한 손으로 그것마저 내리 누를 것이다. 두 손을 모두 나무토막 누르는 데에만 사용하는 것이다. 얼마 동안은 그러고 있을 수 있지만 언젠가 힘이 빠지면 결국 손을 떼게 될 것이고 나무토막은 물위로 다시 떠오를 것이다.

이런 식으로 튀어 나온 감정은 예상치 못한 반응을 보이는데

대부분 부정적인 결과로 나타난다. 결국 의사소통에 걸림돌이 되고 관계마저 파괴될 수 있다.

둘째, 인간관계에 부적절하게 대응하게 된다.
자신의 감정을 존중받지 못한 아이들은 어른이 되어서도 감정을 억누르는 경향이 있다고 많은 심리학자들은 밝히고 있다. 부모나 권위자에게 자신의 생각과 감정을 인정받지 못한 아이는 자기에게 합당한 가치를 부여하지 못하게 된다. 어린 시절부터 억눌리고 쌓여왔던 감정들은 어른이 되어서도 끊임없이 영향력을 미친다.

뇌는 실제로 생화학적 측면에서 어떤 사건에 대한 기억이 얼마 전의 것인지 오래 전의 것인지 구별하지 못한다고 한다. 우리의 무의식에는 시간 구분이 없다는 뜻이다. 그래서 어릴 때 처리하지 못한 감정의 문제가 성인이 되어 그대로 나타날 수 있다.

어릴 때 가족이나 친척에게 성폭행을 당한 적이 있다면 그 고통과 불안, 아픔의 감정을 표현하고 치유해야 한다. 그러지 못할 경우 훗날 성인이 되어 다른 식으로 문제가 나타날 수 있다. 결혼 후 부부관계에 적응하지 못하거나 남편을 적대시 할 수 있다. 또 어려서 강압적인 어머니에게 통제당하며 불만과 울분을 품고 살아온 남자는 커서 여자에 대해 왜곡된 인식을 가질 수 있다. 여자들이 일반적으로 하는 제안까지 자신을 지배하려는 의도로 받아들이는 것이다.

권수영 교수는 우리 아이들이 '착한아이 콤플렉스'에 시달린다고 말한다. 여기서 말하는 '착한아이'는 자기 감정에 솔직하지 못해 다른 사람과 건강한 관계를 잘 맺지 못한다는 점에서 문제가 있다.

착한아이 콤플렉스에 빠진 아이들은 자신에게 필요한 것을 외면하고 자신이 원하는 바를 드러내지 못한 채 부모나 타인의 일만 좇는다. 이러한 아이의 내면에는 우울한 마음, 혼자 있기를 좋아하는 마음, 피해의식, 부정적으로 생각하는 마음, 다른 사람의 눈치를 보는 마음, 반항적이고 난폭해질 수 있는 마음이 자라나게 된다. '착한 척'의 기본은 자기 자신의 욕구와 감정은 뒷전에 두는 것이다. 이러한 자아를 정신분석 연구가들은 '거짓 자아'라고 부른다. …
지나친 거짓 자아의 기능은 내적인 허망감과 우울감을 증대시킨다. 착한아이 콤플렉스는 어린 시절부터 자신의 느낌이나 생각을 표현하는 것이 부모의 평가보다 뒷전이 되면서 생긴다. 이러한 어린이는 훗날 성인이 되면 주위 사람에게 '좋은 사람' 이라는 칭찬은 들을 수 있다. 하지만 자신의 내밀한 감정을 나눌 수 있는 사람이 없어 외롭게 살아갈 것이다. … 착한아이 콤플렉스를 가진 천사 같은 이들이 살고 있는 현실은 하늘이 아니라 지옥이다(「거울부모」, 권수영, 울림사, p. 36-38).

셋째, 육체적으로 고통 당한다.

감정을 잘 표현하지 못하고 억압하면 실제로 몸에 고통이 생길 수 있다. 심리적 요인 때문에 두통, 피곤함, 손발 저림, 복통 등 다양한 신체 증상이 일어나는 것이다. 이러한 증상을 신체화장애(Somatization disorder)라고 한다. 몸 여기저기가 아파서 병원을 방문하지만 막상 검사하면 신체에 아무런 이상 소견도 발견되지 않은 질환으로 심리적 요인이나 갈등으로 인하여 나타나는 증후군을 말한다. 자기 감정이나 사실을 표현하지 못하고 남의 눈치를 보는 사람들에게 잘 나타난다.

치료 방법은 신체 증상과 관련된 심리적 갈등과 부정적 감정을 표현하고 해소하도록 도와주는 것이다. 우리의 감정 상태는 신체 상태에 영향을 미칠 수 있는데 특히 치명적인 감정은 죽음에 이르는 질병을 일으키기도 한다고 한다. 돈 콜버트(Don Colbert)는 감정이 질병으로 변하는 경로를 잘 설명하고 있다.

우리가 뇌로 생각하는 것과 신체로 경험하는 것 사이에서 의사소통을 시켜주는 연결고리를 '신경펩타이드'(neuropeptides)라고 한다. 신경펩타이드와 완전히 들어맞는 신경수용체라는 작은 분자들이 우리 몸의 면역세포의 기본 단위인 단핵세포의 표피를 형성하고 있다. 모든 단핵 세포들은 이러한 수용체를 가지고 있다. 뇌는 아미노산 구조로 형성된 신경펩타이드를 생산하고, 이것들은 몸 전체에 퍼져 있는 신경세포로 전달된다.
이때 신경펩타이드는 몸의 모든 세포 분자란 자물쇠에 꼭 맞는 열쇠의 역할을 한다. 뇌는 몸 전체의 면역세포에게 '대화'를 요청하고, 면역세포는 뇌에게 신경펩타이드라는 전달물질을 사용하여 회답한다. 당신의 뇌가 분노, 공포, 상실감과 같은 육체적 지각현상을 해석하면 곧이어 당신의 모든 세포들도 그에 따라 반응하게 되는 것이다. … 세포 단위에서 일어나는 스트레스 반응은 매우 광범위하며 그 영향력 또한 크다. 예를 들어 두려움은 1,400개가 넘는 육체적 화학적 반응을 일으키고, 30가지 이상의 호르몬과 신경전달물질을 분비한다(「감정치유」, 돈 콜버트, 박영은 역, 미션월드, p. 33-35).

미국정신의학회에서 발간하는 DSM-IV(정신장애의 진단 및 통계 편람)에는 우리가 흔히 들어본 'Hwabyeong'(화병)이라는 용어가 기재되어 있다. '화병'은 우리나라 사람만 쓰는 고유한 병명이기 때문에 그 이름을 그대로 가져다 쓴 것이다.

화병은 소극적이고 내성적이어서 자신의 감정을 적절하게 표현하지 못하는 사람들이 잘 걸린다. 자신의 감정과 의사 표현을 잘하지 못해서 우리나라 여성들에게 많이 생기는 가슴앓이 병이다. 이처럼 감정을 적절하게 표현하지 못하면 육체적으로 고통을 당하게 된다. 감정을 억압하면 긍정적인 사랑의 감정들도 메말라 간다. 항암 치료를 할 때 암세포만 죽일 수 없어 옆에 있는 건강한 세포도 어느 정도 죽일 수밖에 없는 것과 같은 이치다.

감정, 어떻게 표현해야 하는가?

감정을 표현하기 위해서는 우선, 감정이 중요하다는 사실을 기억해야 한다. 자신이 느끼는 감정은 매우 중요하므로 상대에게 정확하게 전달해야 하는 이유와 목적이 있음을 인식하라.

그 다음, 어떤 종류의 감정이든 모두 다 표현하겠다고 생각해야 한다. 인간관계를 친밀하게 유지하기 위해서는 감정을 적절하게 표현하는 것이 매우 중요하다.

어떤 감정은 때로 표현하지 않는 것이 안전하게 느껴지기도 하지만 감정과 욕구를 정직하게 표현하지 않고서는 신뢰하고 친밀한 관계를 맺을 수 없다. 부정적인 감정일수록 잘 표현해야 한다. 그렇지 않으면 감정이 쌓여서 왜곡되고 오해가 생기면서 관계가 어그러질 수 있다. 부정적인 감정이든 긍정적인 감정이든 모두 잘 표현해야 한다.

준비 없이 즉흥적으로 데이트 하는 연인들의 대화를 들어보자.

여자: 넌 너밖에 모르지!
남자: (영문을 몰라 당황하며) 무슨 소리야. 내가 뭘 잘못했는데?
여자: 뭐든지 네 맘대로만 하려고 하잖아.
남자: 내가 언제?

여자가 다짜고짜 불평부터 털어놓자 남자는 이유를 몰라 당황해 한다. 이유를 모르니 상대를 까칠하거나 신경질적인 사람으로 생각하게 된다. 그런데 여자가 불평하는 대신에 자신의 감정을 표현했다면 대화가 어떻게 달라졌겠는지 살펴보자.

여자 : 네 마음대로 데이트를 하려고 해서 속상하고 힘들어.
남자 : 그래? 어떻게 하면 좋을까?

여자가 감정을 얘기한 덕분에 남자는 상대의 감정과 욕구를 알게 되었다. 상대가 어떻게 느끼는지, 어떤 데이트를 싫어하는지 확실하게 알게 되었으므로 상황에 적절하게 대처할 수 있다. 이렇듯 상대가 무엇을 좋아하고 싫어하는지 파악하고 있다면 불필요한 오해로 인해 생기는 많은 갈등이 해결될 것이다.

마지막으로, 다른 사람을 탓하거나 판단하지 말고 내가 실제로 느끼고 있는 감정에 대해 말해야 한다. 대부분은 자신의 감정을 알아내는 데 어려움을 겪는다. 어려서부터 감정을 파악하고 표현하는 일에 익숙하지 않기 때문이다.

또한 감정은 우리가 상상하는 것보다 훨씬 복잡하고 미묘할 뿐 아니라 스스로 위장을 잘하기 때문이다. 탓하기, 판정하기, 비난하기는 위장된 감정이어서 그 뒤에 숨은 진짜 감정을 찾아서 표현할 줄 알아야 한다. 기본적으로 말에 어떤 감정이 깃들어 있는지 찾아내야 한다.

case 1. 뭐하다 이제야 왔어. 너 정말 시간관념 없다. 영화를 보겠다는 거야 말겠다는 거야. 중간부터 보면 무슨 재미가 있겠니?

　실제로 이 말을 한 사람의 기본적인 감정은 영화를 처음부터 제대로 못 볼까 봐 '조바심이 났다' 혹은 상대가 약속 시간에 늦는 사실이 '못마땅했다'였을 것이다. 조바심 나고 못마땅했는데 우려한 대로 상대가 늦자 화가 난 것이다. 그래서 위의 경우처럼 말해버리면 상대는 비난당했다고 생각하고 기가 죽거나 죄책감을 느낄 수 있다. 이럴 때는 "네가 약속 시간에 늦어서 조바심이 났어" 혹은 "기다리는 게 못마땅했어. 영화를 제대로 보지 못할 것 같아서"라고 말한다면 자신의 감정을 더 정확히 전달할 수 있다. 그럴 때 상대는 당신의 마음을 더 잘 이해하고 공감하게 될 것이다.

　case 2. 에잇, 신경질 나! 준비도 안 됐는데 손을 놓으면 어떻게 해? 내 발목 다치면 네가 책임질래?

　재영은 롤러스케이트를 가르쳐주던 친구가 갑자기 손을 놓는 바람에 넘어질 뻔했다. 순간 화가 난 재영은 자신도 모르게 위의 경우처럼 말을 뱉고 말았다. 이 말을 들은 친구는 재영이가 자기에게 잘못을 돌리는 것 같아 죄책감을 느낀다. 그러나 재영이가 친구에게 전달하려는 기본적인 감정은 "당황했다" 혹은 "겁났다"일 것이다. 이럴 때는 "준비 없이 갑자기 손을 놔서 겁났어. 당황스럽기도 하고. 넘어져서 다치면 어쩔 뻔했니?"라고 얘기한다면 보다 정확히 자신의 감정을 표현하게 된다.

:: coaching point ::

감정 표현을 잘하는 비결 3가지

❶ 감정이 매우 중요한 것임을 인식한다.
❷ 긍정적인 감정이든 부정적인 감정이든 모두 다 그대로 표현하도록 노력한다.
❸ 다른 사람을 탓하거나 판단하지 않고 내가 실제로 느끼는 감정에 대해 말한다.

04 욕구와 필요를 구체적으로 말하라

돌려서 말하고 있지 않은가?

하고 싶은 말을 잘 전달하려면 자신이 말하는 패턴에 대해 잘 알고 있어야 한다. 자신도 모르게 습관적으로 잘못 표현하고 있는 어떤 방식이 있지 않은가? 이로 인해 상대가 내 말을 정확하게 이해하지 못하거나 공격당하고 있다고 오해할 수 있다. 평소 자신이 잘못 사용하고 있는 요청 방식이 있지 않은지 돌아보고, 있다면 고쳐보자.

한 심리학 교수가 청중들에게 "지금부터 빨간색 코끼리는 절대 생각하지 마세요"라고 신신당부하고 잠시 후 이런 질문을 했다. "여러분, 지금 무슨 생각을 하고 있습니까?" 그랬더니 모두가 '빨간색 코끼리'를 생각하고 있다고 답했다.

왜 이런 일이 일어나는가? 사람은 희한하게도 '생각하지 마라'는 말을 들으면 그것에 대해 더 생각하는 경향이 있다. 보통 '하지마'라는 말을 들면 가만히 있다가도 왠지 그 일을 더하고 싶지 않은가?

마찬가지다. 내가 상대에게 무언가를 부정적으로 요청하면 상대는 오히려 내가 하지 말라는 그 일을 하게 될 수 있다. 그러므로 하고 싶은 말이 있다면 긍정적으로 표현하는 게 좋다. 부정적으로 표현하면 상대는 내가 진정 무엇을 부탁하는 것인지 제대로 이해하지 못할 수 있다.

부정적인 표현

남자 : (하고 싶은 말 : 액션 영화 보고 싶어.) 멜로 영화는 싫어.

여자 : 그럼 코미디 영화 보자.

남자 : 그게 아니라….

> **긍정적인 표현**
>
> 남자 : 새로 나온 액션 영화 보자. 그 영화 정말 재미있대.
> 여자 : 그래. 그동안 날 위해 멜로 영화만 봤으니 오늘은 네가 보고 싶은 영화 보자.
> 남자 : 고마워.

직접적인 표현을 사용하는 것도 중요하다. 간접적인 표현을 하면 상대가 내 말을 잘못 이해하거나 정확히 무엇을 요청하는지 헷갈려 할 수 있다.

윤호는 여자 친구 정아의 마음을 사로잡으려고 운전면허를 따자마자 렌트카를 빌려서 강원도로 달렸다. 그런데 막상 고속도로에 오르자 초보운전이다보니 가슴이 졸아들어 시속 80킬로미터 이상을 내기가 무서웠다. 긴장을 풀려고 휴게소란 휴게소는 모두 들렀다. 더 큰 문제는 그 후에 생겼다. 강원도 산길이 워낙 험하고 편도 일차선인 경우가 많아 운전하기가 여간 힘든 게 아니었다. 다행인지 불행인지 정아는 윤호가 초보운전자라는 사실을 몰랐다. 덕분에 속으로 땀을 뻘뻘 흘리는 윤호와는 달리 여유롭게 드라이브를 즐겼다.

어느덧 차는 산길에 접어들었고 정아는 산 정상 부근에서 멋있는 카페를 발견했다. 정아는 목도 마르고 산 아래 경치도 구경하면서 분위기를 잡고 싶어 윤호에게 카페에서 쉬었다 가자고 얘기한다.

정아: 자기야, 여기 경치가 너무 멋있지 않니?

윤호: 응 멋있어. (잔뜩 긴장한 나머지 등에서 식은땀이 흘렀지만 태연한 척 한다.)

정아: (그냥 '카페에서 차 한 잔 마시며 쉬었다 가자'라고 말하고 싶지만 남자 친구를 배려하는 마음에서 이렇게 말한다.) 자기야, 차 한 잔 하고 싶지 않니?

윤호: (산길에서 빨리 벗어나고 싶은 마음에) 아니, 난 별로.

정아: (기분이 상한다.)

윤호: (산길을 벗어나 약간 안심할 수 있는 곳에 와서) 차 마시고 싶다고 했지? 여기서 한 잔 마시자.

정아: (자신의 마음을 몰라준 윤호에게 삐쳐 있다.) 너나 마셔.

윤호: (어안이 벙벙해져서) 갑자기 왜 그래?

정아가 처음부터 직접 화법을 써서 "저 카페에서 차 한 잔 마시며 쉬었다 가자"라고 말했으면 윤호는 정아의 말뜻을 정확하게 이해했을 것이고 서로 오해할 일도 없었을 것이다.

간접적인 표현

A : 저녁 뭐 먹을래? 새로 나온 피자가 있다던데, 어때?
B : 아니, 피자는 별로야. 떡볶이 먹을래. 괜찮지?
A : (내 마음도 몰라주고) 으응, 싫지는 않은데….

직접적인 표현

A : 나 오늘 피자 먹고 싶어. 너는 어때?
B : 왜, 떡볶이 안 먹고?
A : 응, 자주 먹어서 질려. 피자가 먹고 싶어.
B : 나는 별로지만 네가 원하니까 오늘은 피자 먹자.

모호하게 말하고 있지 않은가?

말하려는 내용을 정확하게 얘기해야 한다. 그래서 상대가 미루어 짐작하는 일이 없도록 해야 한다. '마음 알아맞히기' 스무고개 게임을 하듯이 얘기를 나누어서는 곤란하다.

연인들은 흔히 말하지 않아도 상대가 내 마음을 알아차려서 원하는 대로 척척 해주기를 바란다. '사랑한다면서 내 마음도 모르나? 나한테 관심 있다면 그 정도는 말 안 해도 알아서 해주겠지'라고 생각한다. 그러나 아무 말도 하지 않는 사람의 마음을 알아낸다는 것은 불가능하다. 안타깝게도 그런 독심술을 가진 사람은 존재하지 않는다.

> 정확한 표현 : 우리 처음 사귈 때처럼 전화도 자주 하고 사랑한다는 말도 자주 해주면 좋겠어.
> 모호한 표현 : 너 많이 변했어. 처음엔 안 그랬는데.

위의 두 가지 표현은 전혀 다른 의미를 전달하고 있다. 모호한 표현을 하면 상대는 자신의 어떤 점이 달라졌는지 모르기 때문에 당황할 것이다. 더 나아가 상대가 자신을 변덕쟁이 취급하며 비난하는 것으로 오해해 "내가 뭘 어쨌는데" 하는 식으로 자신을 방어하는 자세를 취하게 될 수 있다.

질문하는 형식을 가장하여 자신의 뜻을 전달하는 것도 모호한 표현에 해당한다.

직접적 표현 : 내가 하는 말을 관심 있게 들어줘.
질문의 형식 : 내 말을 듣고는 있는 거야?

위의 두 가지 표현은 서로 다른 주제를 다루는 말처럼 들린다. "내 말을 듣고는 있는 거야?"라는 질문에 "지금 듣고 있잖아"라고 대답하면 상대는 다시 공격하는 말을 하게 되기 쉽다. 이렇게 방어와 공격이 반복되면서 동문서답 식의 말다툼을 벌이면 두 사람 모두 마음에 상처를 입고 말 것이다.

또 다른 예를 들어보겠다.

직접적 표현 : 친구들 앞에서 내 험담은 하지 않으면 좋겠어.
질문의 형식 : 내게 그렇게 심하게 대하면 찔리지 않니?

두 번째의 말만 들어서는 상대가 말하는 사람에게 어떤 심한 행동을 했는지 미루어 짐작하기가 어렵다. 자연스럽게 "뭘 어떻게 심하게 대했는데?"라는 질문을 하게 될 것이다. 이런 경우 말하는 사람의 지적에 귀를 기울이고 그 사실을 인정할 수는 있어도 정작 상대가 정말 무엇을 원하며 요청하는지는 제대로 인식하지 못할 수 있다.

상대에게 강요하고 있지 않은가?

내 주장이 상대에게 강요로 들리면 소통은 어려워진다. 강요한다고 생각되면 상황이 자존심 싸움으로 번질 확률이 높아진다. 억하심정이 생겨 상대의 말에 반발하거나 말하려는 내용과는 전혀 다른 주제로 논쟁을 벌이기 쉽다. 그러므로 어떤 부탁을 할 때나 의견을 낼 때는 강요로 들리지 않도록 주의해야 한다.

"반드시(마땅히) … 해야 한다"(should)는 식의 의무형 표현을 쓰면 부탁이 강요로 변질되기 쉽다. 상대가 해주기 바라는 일을 의무적인 일로 바꾸어 상대에게 강요하는 느낌을 주는 것이다. 실제로 의무 사항이 아닌 일에조차 이런 표현을 사용하는 이유는 무엇인가? 상대의 마음속에 죄책감을 일으켜 상대를 내 마음대로 조종하려는 의도가 아니겠는가?

마셜 로젠버그(Marshall B. Rosenberg) 박사는 「비폭력 대화」에서 우리가 누군가에게 부탁하면서 마음속에 다음과 같은 생각을 품었다면 부탁이 저절로 강요로 변질된다고 말한다.

- 아이는 자신이 어지럽혀 놓은 것을 스스로 치워야 한다(should).
- 내가 요구한 것을 그 사람이 하기로 되어 있다(suppose).
- 나는 마땅히 봉급을 인상 받을 자격이 있다(deserve).
- 그들을 늦게까지 일하게 한 것은 정당하다(justify).
- 나는 좀 더 긴 휴가를 누릴 권리가 있다(right).

(「비폭력 대화」, 마셜 B. 로젠버그, 캐서린 한 역, 바오, p. 128)

이렇게 자기 주장을 의무형으로 표현하면 듣는 사람의 마음속에 분노나 방어자세, 논쟁 등이 끓어오르게 될 것이다. 그러므로 '자신의 견해나 느낌'을 '당연한 사실'과 구분 지어서 말하는 것이 좋다.

자기 견해를 당연한 사실로 표현함 : 데이트 비용은 당연히 남자가 내야지.

사기 견해를 말함 : 데이트 비용은 남자가 내는 게 좋다고 생각해.

상대의 거절을 인정할 줄 아는가?

올바른 표현으로 주장하기만 하면 항상 상대가 내 말을 잘 들어주리라고 생각하지 말라. '잘 표현한다'는 것은 그 방법이 가장 좋다는 뜻일 뿐이다. 내가 아무리 말을 잘 해도 상대가 내 주장을 받아들이지 않는 경우를 예상해야 한다. 그렇지 않으면 그런 상황에서 당황하거나 거절당했다는 자괴감에 빠질 수 있다. '내가 별 가치 없는 사람이어서 거절당한 거야' 하는 생각에 우울함과 분노라는 부정적인 감정을 느끼는 것이다. 거절은 타인의 영향력을 부정하는 행위이기 때문이다.

이럴 경우 우리의 주장은 강요로 변할 가능성이 높아진다. 상대가 내 말에 귀 기울여주기를 바란다면 나 역시 상대의 말에 귀 기울이고 있다는 사실을 상대가 느끼도록 해주어야 한다. 설령 상대가 내 주장을 받아들이지 않더라도 그렇게 반응할 수 있음을 인정하고 공감해주는 것이다. 상대의 거절을 인정하고 상대의 입장에 서서 그 마음을 세심하게 헤아려보는 것이다.

그럴 때 상대는 이해한 만큼 내 주장을 강요가 아니라 부탁으로 받아들일 수 있게 된다.

약속 시간에 대해 서로 다른 견해를 가지고 있는 한 커플의 대화를 들어보고 여자가 남자의 반응을 받아들이는 방식에 따라 얘기가 어떻게 이어지는지 살펴보자.

여자 : 너 기다리느라 힘들었어. 다음부터는 약속 시간을 잘 지켜주면 좋겠어. 시간 약속 잘 지키는 것은 그 사람의 인격이라고 생각해.
남자 : 늦을 수도 있지. 좀 늦은 것 가지고 뭘 그러니.

남자의 반응을 거절로 받아들이는 경우

여자 : (자기 속상하지 않게 '나 전달법'으로 마음을 표현했는데 오히려 나를 타박하면서 내 제안을 거절하다니.) 약속 시간에 늦을 것 같으면 아예 나올 생각하지마.
남자 : 되게 뭐라고 하네. 알았어. 약속 시간 지키도록 노력할게. (부탁을 강요로 받아들임)

남자의 반응에 공감하는 경우

여자 : 내가 너무 심각하게 말해서 기분이 상했구나. (상대의 감정에 공감함)

남자 : 약간. 솔직히 난 시간관념이 별로 없어. 기다리는 사람의 심정은 이해되지만 사정이 있으면 좀 늦을 수도 있다고 생각하거든.

여자 : 너는 시간에 대해 생각이 자유롭구나. 그런데 나는 약속 시간을 잘 지키는 것은 상대에 대한 예의이자 그 사람의 인격이라고 생각해.

남자 : 알았어. 앞으로는 늦지 않도록 노력할게. (요청을 부탁으로 받아들이며 이를 흔쾌히 수용함)

:: coaching point ::

잘못된 나의 요청 방식 점검하기

❶ 돌려서 말하고 있지 않은가? 돌려서 말하면 불필요한 오해가 생길 수 있다. 부정적인 표현보다는 긍정적인 표현, 간접적인 표현보다는 직접적인 표현을 쓰라.

❷ 모호하게 말하고 있지 않은가? "그래서 하고 싶은 말이 뭐야?"라는 말이 돌아오지 않도록 정확하게 구체적으로 말하라. 질문 식으로 상대를 떠보는 것은 금물!

❸ 상대에게 강요하고 있지 않은가? 같은 말이라도 의무적, 당위적으로 하면 상대의 반발심만 일으킬 수 있다.

❹ 상대의 거절을 인정할 줄 아는가? 아무리 잘 부탁해도 거절할 수밖에 없는 상대의 입장을 헤아려본다.

05 적용 : 올바른 자기 주장

하고 싶은 말을 잘 표현하지 못해 스스로에게 실망한 적이 누구나 한두 번쯤은 있을 것이다. 또 상대를 너무 의식하거나 배려하려다가 자신의 욕구를 제대로 표현하지 못하는 경우도 종종 있다. 반대로 자신의 감정을 공격적으로 드러내다가 관계가 나빠지는 경우도 있다.

상대를 배려하면서도 자기가 하고 싶은 말을 다 표현할 수 있는 방법은 없을까? 자신을 올바르게 주장할 수 있는 방법을 살펴보자.

사랑 안에서 진실을 말하라

자기 주장을 하다보면 상대와 생각이 달라 의견 충돌이 일어날 수 있는데 그런 갈등을 피하려다 하고 싶은 말을 다 못해 속상한 경우가 생길 수 있다.

이러한 곤란한 상황을 해결하는 기본 원리가 성경 에베소서에 잘 나와 있다.

> 오직 사랑 안에서 참된 것을 하여 범사에 그에게까지 자랄지라 그는 머리니 곧 그리스도라(엡 4:15).

"사랑 안에서 참된 것을 하여"를 NIV 영어성경에서는 "Speaking the truth in love"라고 표기하고 있다. 해석하면 "사랑 안에서 진실을 말하라"는 뜻이다. 서로 하고 싶은 주장을 하되 상대를 배려하고 이해하는 사랑의 마음으로 하라는 의미다.

세상 어느 누구도 같은 사람은 없다. 많이 닮을 수는 있지만 똑같은 사람은 어디에도 없다. 외모뿐 아니라 감정, 생각, 가치관 등 그 어떤 것도 같지 않다. 저마다 타고난 기질과 개성과 독특함이 있다. 이런 개성과 독특함을 존중하는 태도를 가질 때 우리는 다른 사람들과 성숙한 관계를 맺을 수 있다.

성숙한 관계란 각자가 자기 방식대로 존재하도록 하는 관계를 말한다. 이런 관계 속에서는 서로가 상대를 수용하고 인정하며 서로 다름을 잘 조절하고자 노력하게 된다. 결과적으로 서로가 관계 속에서 풍성하게 성장한다.

'사랑 안에서'란 상대가 나와 다름을 인식하고 상대의 입장에 서는 태도를 말한다. 상대가 느끼는 감정과 행동, 말들이 그 사람만의 방식대로 존재한다는 믿음이고, 상대에 대해 섣불리 판단하지 않으려고 의식적으로 노력하는 태도다.

'진실을 말하기'란 두 사람 사이에 생기는 갈등과 문제 앞에 똑바로 서야 한다는 의미다. 다시 말해, 말해야 할 필요가 있는 사실을 모두 알려주는 태도다. 의사소통을 하다보면 갈등은 반드시 일어나게 마련이다. 사람은 저마다 다르게 태어났기 때문이다. 그러므로 너와 나는 무엇이 다른지, 그로 인해 무슨 문제와 갈등이 생기는지 서로에게 알려주어야 한다. 그래야 관계가 성장하고 친밀감이 형성된다. 이러한 관계는 진실을 말할 때 비로소 이루어진다.

주장하는 목적을 분명히 하라

자기 주장의 일차적 목적은 상대를 이기거나 변화시키거나 일이 자신이 원하는 대로 이루어지도록 하는 데 있지 않다. 자기 주장을 한다는 것은, 내가 본 것을 상대에게 말하고 그것을 왜 그런 방식으로 보는지, 어떻게 느끼는지, 내게 어떤 욕구가 있는지 알려주기 위함이다. 내가 표현하려는 내용이 가치 있다는 자기 인식과 신념을 가지고 있기 때문이다. 즉 자기 주장을 하는 목적은 상대에게 내 마음을 진실하게 표현하여 이해시키고자 하는 데 있다. 또 상대의 말에 귀 기울여 공감하는 과정에서 서로의 욕구를 조절하고 충족시키는 데 그 목적이 있다.

그러므로 상대를 변화시키려는 것이 아니라 자신의 욕구를 잘 표현하기 위해 자기 주상을 할 줄 알아야 한다. 너무 많은 경우 우리는 상대를 이해하기보다는 바꿔놓으려고 한다. 사람은 강요당하고 통제 받으면 오히려 변화될 가능성이 줄어드는데 말이다. 사람은 누군가가 나를 이해해주고 있다는 느낌을 받지 않는 한 결코 먼저 변화되지 않는다.

대화하는 상대를 좌지우지할 수 있는 권한이 자신에게 없음을 기억하라. 그보다는 자신이 원하고 필요한 것을 상대에게 요청하고 있다고 생각해야 한다. "나 그것을 원해요", "나 그게 필요해요"라고 요청하는 말은 상대에게 긍정적인 의미를 전달한다. 그리고 상대는 자신에게 선택의 자유가 있음을 알게 된다.

매슬로우(Maslow)는 욕구의 위계적 발달이론을 주장했다. 가장 낮은 단계에 있는 것이 생리적 욕구, 둘째는 안전 욕구, 그 다음 애정 욕구, 존중 욕구 순이다. 가장 높은 단계는 자기실현 욕구라고 했다. 심리적 욕구에 해당하는 애정, 존경, 자기실현의 욕구는 친밀성의 욕구와 개체성의 욕구라고 달리 말할 수 있다.

인간은 자기 개성대로 주체적으로 살아가고자 하는 욕구가 강하다. 그런 욕구를 누군가 간섭하거나 통제하려고 하면 강하게 저항한다. 그러므로 상대를 통제하고 고치려 들기에 앞서 그의 욕구가 무엇인지 이해하려는 자세가 필요하다. 먼저 이해하고 사랑하면 그에 따른 변화가 결과로 나타나게 마련이다.

설령 원하는 대로 이루어지지 않더라도 자신이 원하는 말을 표현했다는 것 자체에 만족할 수 있어야 한다. 자기 주장을 잘한다고 해서 상대가 항상 내 입장을 고려하거나 수용하는 것은 아니다. 인간관계나 인간 자체가 그렇게 단순하지 않다. 세상일이란 것도 내가 원하는 대로 돌아가지 않는다.

또 하나! 내 요구만큼이나 상대의 다른 의견도 중요하다는 사실을 기억해야 한다. 우리는 흔히 나와 다른 상대의 의견에 논쟁하듯이 달려든다. 어찌 됐든 대화에서 이기고 보자는 충동을 느낀다. 그러나 대화의 목적은 논쟁에서 승리하는 것이 아니라 상대에게 나의 요구를 알리는 데 있다.

성경에서도 가능하면 다른 사람과 싸우지 말고 평화롭게 지내라고 말한다. "할 수 있거든 너희로서는 모든 사람과 더불어 화목하라"(롬 12:18). 그러므로 필요하면 상대와 협상하고 타협해야 한다. 이것은 서로의 욕구를 조정하고 조절하는 아주 합리적이고 훌륭한 자기주장이다.

신앙 좋은 한 크리스천 여직원이 있었다. 그 여직원은 담배를 많이 피우는 과장 옆자리에서 근무를 했다. 참아보려 했으나 시간이 지날수록 담배 냄새를 견딜 수 없었다. 하지만 상사에게 담배를 피우지 말라고 요청하는 게 무례인 것 같아 차마 말도 꺼내지 못했다. 자신의 요청을 들어줄 리 없다는 부정적인 생각에 더욱 아무 말도 못했다.

그래서 매일 기도만 했다. 과장이 담배를 끊거나 담배 냄새가 안 날 정도로 멀리 있는 자리로 갈 수 있게 해달라고 간구했다.

그러나 1년이 지나도록 기도는 응답되지 않았다. 여직원은 이제 회사에 가기조차 싫어지기 시작했다.

그러다 우연한 기회에 올바른 의사소통 훈련을 받게 되었다. 자신감을 얻은 여직원은 과장에게 자기 주장을 하기로 결심하고 먼저 목표를 세웠다. 담배 냄새 때문에 자신이 얼마나 고통 받고 있는지 알리는 게 1차 목표였다. 나아가 과장이 담배를 끊거나 줄여서 냄새가 덜 나면 좋겠다고 생각했다. 여직원은 자신이 과장에게 의사표현을 잘할 수 있게 해달라고 기도했다. 그런 다음 과장이 그 말을 이해하고 받아들이게 해주십사 간절히 기도했다.

며칠 후 여직원은 용기를 내서 적절한 시간에 과장을 찾아가 자신의 요구를 말했다. "저는 과장님께 잘 대해드리려고 노력했어요. 그런데 과장님에게서 담배 냄새가 나면 숨 쉬기가 힘들고 기분이 상하면서 (감정 표현) 저도 모르게 표정이 굳어지고 웃음도 사라졌어요. 담배 냄새가 안 나도록 해주셨으면 좋겠어요." (욕구와 부탁)

이 말을 들은 과장은 깜짝 놀라며 여직원에게 미안하다고 말했다. 사실 과장은 옆 사람이 숨 쉬기 힘들어할 정도로 자신에게서 담배 냄새가 난다는 사실조차 모르고 있었다. 과장은 몰랐던 사실을 알려줘서 고맙다며 당장 담배를 끊도록 노력하겠다고 말했다.

여직원은 과장에게 담배를 끊어 보겠다는 답변을 들어서 좋았고, 자신이 하고 싶은 말을 했다는 자신감과 만족감이 들어 더욱 기뻤다. 이후로는 과장의 담배 냄새도 예전처럼 역겹게 느껴지지 않았다.

기도하라

자기 주장을 하는 목적 중 하나는 다른 사람의 마음을 움직여 나의 요구를 받아들이도록 하는 데 있다. 그런데 사람의 마음을 움직인다는 게 쉽지 않다. 누군가를 변화시킬 수 있는 능력은 자기 자신과 하나님만 가지고 있다. 다른 사람은 이해와 사랑으로 그에게 좋은 영향력을 끼치는 일까지만 할 수 있을 뿐이다.

니버(Reinhold Nieber)의 유명한 기도는 우리가 할 수 있는 일이 무엇인지 구별하는 지혜를 강조한다.

> 신이시여, 내가 변화시킬 수 없는 것은 조용히 수용하는 침착함을 주시고, 내가 변화시킬 수 있는 것은 끝내 변화시킬 수 있는 용기를 주옵소서. 그리고 변화시킬 수 없는 것과 변화시킬 수

있는 것을 분별하는 지혜를 주옵소서.

그러므로 우리는 자기 주장을 하기에 앞서 하나님께 상대의 마음을 움직여 달라고 기도해야 한다. 성경에는 하나님의 도우심으로 사람의 마음을 움직였던 사건이 많이 기록되어 있다.

자기 민족이 위기에 처했을 때 왕후 에스더는 사흘 동안 금식하며 기도했다.

나도 나의 시녀와 이렇게 금식한 후에 규례를 어기고 왕에게 나아가리니 죽으면 죽으리이다 하니라(에 4:16).

그때 하나님이 아하수에로 왕의 마음을 움직여주셨다.

제삼일에 … 왕이 어전에서 전 문을 대하여 왕좌에 앉았다가 왕후 에스더가 뜰에 선 것을 본즉 매우 사랑스러우므로 손에 잡았던 금 규를 그에게 내미니 에스더가 가까이 가서 금 규 끝을 만진지라(에 5:1-2).

창세기 33장을 보면 야곱이 기도해서 형의 마음을 돌려놓은 사건도 있다. 하나님은 자기 축복을 가로챈 동생 야곱을 죽이려고 20년 동안 복수의 칼을 갈아온 형 에서의 마음을 돌려놓으셨다. 원한으로 가득 찼던 마음을 애틋한 형제사랑의 마음으로 바꾸어 놓으셨다.

> 에서가 달려와서 그를 맞이하여 안고 목을 어긋맞추어 그와 입 맞추고 서로 우니라(창 33:4).

하나님이 도우시면 상대의 마음을 움직일 수 있다. 중요한 자기 주장을 하는 경우일수록 먼저 기도하여 하나님의 도우심을 구해야 한다.

올바른 자기 주장의 5단계

자기 주장을 할 때는 기도로 준비하고 '나 전달법'으로 자신의 요청과 주장을 표현하는 단계를 거쳐야 한다. 상대와 의견이 다를 경우에는 서로의 의견을 공감하는 마음으로 경청하고 수용하여 이해, 조절하는 과정을 밟는다. 이 과정을 풀어서 단계별로 설명하면 아래와 같다. 할 수 있는 한 이 단계가 익숙해지도록 연습하라. 잘 외워지지 않으면 메모를 해두었다가 필요할 때마다 꺼내보면서라도 기억하라.

- 제1단계 : 하나님께 기도한다. 상대에게 선한 영향력을 끼칠 수 있게 해달라고, 상대가 나의 부탁이나 주장을 긍정적으로 받아들일 수 있게 해달라고 하나님께 간구한다. 혹 내가 오해하고 있거나 상대가 나보다 더 좋은 의견을 가지고 있을 때는 서로 조절할 수 있게 해달라고 기도한다. 또한 같은 말이라도 좀더 지혜롭게 할 수 있게 해달라고 기도한다.
- 제2단계 : 사실을 객관적으로 말한다. 판단하거나 비평하는 게 아니라 객관적으로 관찰한 사실을 말한다.
- 제3단계 : 자신의 감정과 느낌을 말한다. 자신이 느끼는 감정을 잘 살펴보고 그 상태를 상대에게 표현한다.
- 제4단계 : 자신의 욕구와 필요를 구체적으로 부탁한다.
- 제5단계 : 필요한 경우 나의 의견과 상대의 의견을 조절하거나 영역의 한계를 정한다.

내 귀를 열면
상대의 마음이 열린다

- 경청하는 태도와 방법
- 공감적 경청이란?
- 상대의 관점에 서라
- 내면의 목소리를 들으라
- 공감적 경청의 유익
- 적용 : 공감적 경청의 기본 자세

내 사랑하는 형제들아 너희가 알지니 사람마다 듣기는 속히 하고
말하기는 더디 하며 성내기도 더디 하라. _야고보서 1:19

01 경청하는 태도와 방법

의사소통을 잘하려면 반드시 바르게 경청하는 방법을 배워야 한다. 아무리 말을 잘한다 해도 듣는 사람이 그 말을 흘려들으면 소통이 이루어지지 않는다. 의사소통은 말하는 사람이 통제하는 것처럼 보이지만 사실 그것을 제어하고 조정하는 사람은 듣는 사람이라고 할 수 있다. 여기서 '듣는다'는 것은 그저 막연하게 귀로 듣는 것이 아니라 이해하는 것을 말한다. 그래서 잘 들으면 상대의 마음을 열 수 있게 된다.

우리의 마음에는 문이 두 개가 있다고 한다. 하나는 밖에서 여는 문이고 다른 하나는 안에서 자신이 여는 문이다. 공감하면서 잘 들으면 말하는 사람의 마음이 무장해제가 된다. 그래서 자신이 안쪽에서만 열 수 있는 마음의 문까지 열어 깊은 소통이 가능해진다. 그럴 때 두 사람은 좀 더 깊은 관계로 들어가 친밀함을 느끼며 신뢰를 쌓아가게 된다. 나아가 마음 내밀한 곳의 상처가 치유되기도 한다.

이렇게 본다면 경청은 상대의 마음을 여는 정중한 예의라고 할 수 있다. 경청은 상대를 이해하고 마음을 얻을 수 있는 좋은 방법이고 기술이다. 예로부터 자기 말이 많은 사람은 속이 비어 있고 남의 말을 잘 듣는 사람은 속이 차 있다고 했다.

경청을 잘하려면 상대가 말하는 내용뿐 아니라 느낌과 감정을 자신의 것으로 받아들일 줄 알아야 하는데 이게 쉬운 일이 아니다. 그냥 듣는 일은 어려울 게 없으나 진심으로 상대를 이해하기란 어려운 일이다. 게다가 대다수의 우리는 먼저 이해받고 싶은 욕구가 너무나 강렬한 나머지 상대의 이야기가 끝날 때까지 귀 기울이거나 기다리지 못한다. 또 '상대를 이해하려고' 듣는 게 아니라 '대답하려고' 듣는 경향이 있다. 그러기에 상대의 진심으로 들어가는 의사소통을 위해서는 '듣는 기술'을 배우고 익혀야 한다.

경청하는 일반적인 방법이나 태도에 대해서는 간단하게 설명하고자 한다. 대화법을 다루는 책에서 대부분 다루고 있고 자세한 설명 없이도 이해할 수 있으리라 믿는다. 이 책에서 얘기하고 싶은 내용은 '공감적 경청'이다. 이 방법은 사례를 살펴보며 실제로 적용하고 연습해야 할 만큼 중요하다.

경청의 태도에는 두 가지가 있다. 하나는 마음의 태도이고 다른 하나는 행동의 태도다. 마음의 태도란 상대에게 얼마나 공감하며 진실성을 보이는가의 문제다. 행동의 태도는 심리학자 발 아놀드(Val Arnold) 박사가 말한 SOLER를 떠올리면 된다. SOLER는 각 단어의 앞 글자를 한 자씩 따온 것이다.

Squarely	상대를 똑바로 바라보기
Open	다리를 꼬거나 팔짱을 끼지 않고 개방된 자세 취하기
Lean	상대 쪽으로 몸 기울이기
Eye contact	가끔씩 상대와 눈 마주치기
Relax	편안한 자세 취하기

경청하는 방법에는 가만히 들어주기, 장단 맞추기, 바꾸어 표현하기, 명료화 하기, 공감적 경청이 있다.

'가만히 들어주기'는 아무 생각이나 말없이 그냥 듣기만 하는 자세가 아니다. 단지 말을 하지 않을 뿐이지 상대에게 집중하고 열심히 귀 기울여 듣는 상태를 말한다.

'장단 맞추기'는 상대의 분위기와 이야기 흐름에 장단을 맞추어주는 반응을 말한다. 다른 말로 '맞장구치기'와 '추임새'가 있다. 장단 맞추기를 할 때는 짧게, 요점을 집어서 상대가 말한 어휘를 그대로 사용하는 방식이 좋다. 그런데 조심해서 사용해야 하는 맞장구 표현이 있다. "그럼, 내가 잘 알지" 혹은 "내가 왜 모르겠어"와 같은 말들이다. 이런 말을 할 때 자칫 상대는 '네가 내 마음을 어떻게 잘 알아' 혹은 '네가 알면 얼마나 알겠어' 하는 반발심을 가지며 방어적인 태도를 취할 수 있다.

'바꾸어 표현하기'는 상대가 한 말을 속으로만 해석하고 넘어가지 않고 자신의 말로 다시 표현해보는 것이다. 이렇게 바꾸어 표현하기를 하면 듣는 사람이 혹시 갖고 있을지 모르는 잘못된 생각이나 오해를 바로 잡을 수 있고 말한 사람은 자신이 상대에게 이해받고 있다는 느낌을 갖게 된다.

'명료화 하기'는 상대의 말이 불분명해 속뜻을 잘 이해하지못했을 때 상대가 표현한 내용을 더 정확하게 이해하고자 모호한 부분을 명확하게 하는 작업이다.

'공감적 경청'은 말 그대로 상대의 마음이나 감정을 그 사람이 느끼는 그대로 듣고 이해하려는 경청법이다.

02 공감적 경청이란?

공감적 경청의 사전적인 뜻은 "상대의 마음이나 감정을 상대 편이 느끼는 그대로 듣고 이해하는 일"이다. 공감적 경청은 상대의 틀 안으로 들어가는 패러다임을 갖는다. 즉 상대의 관점을 통해서 사물을 보고 세상을 이해하는 것이다. 또한 공감적 경청은 상대로 하여금 '나를 충분히 표현했다, 온전히 이해받았다'라고 느낄 수 있는 시간과 공간을 주는 경청 방법이다.

공감적 경청을 제대로 하기 위해서는 언어적인 요소뿐만 아니라 비언어적인 요소를 포함한 의사소통을 통해 상대의 내면에서 이루어지고 있는 실체를 이해해야 한다.

공감적 경청이라고 해서 무조건 상대의 말에 동의하는 방식을 뜻하지는 않는다. 동의하지 못하는 경우에도 얼마든지 상대의 말을 이해하고 존중해줄 수 있다. '공감'이란 엄격히 말해 동정이 아니다. 승인도, 동의도, 동감도, 수용도, 지지도 아니다. 공감이란 내가 상대의 생각이나 감정을 논리적으로는 동의하지 않더라도 심정적으로는 충분히 이해하고 있음을 표명하는 방법이다.

인간의 행동 동기 가운데는 다른 사람에게 이해받고자 하는 욕구가 매우 강렬하다. 여기에는 자신이 중요한 존재라는 사실을 인식하고 다른 사람들의 관심을 끌고 싶은 욕구가 포함되어 있다. 그래서 말하는 사람은 상대가 자기를 이해해주고 자기 이야기를 정말 듣고 있는지 궁금해한다.

그런 의미에서 다른 사람의 이야기를 그 사람의 입장에 서서 귀 기울여 듣는 공감적 경청이야말로 가장 효과적인 대화 기술이다. 공감적 경청은 상대를 먼저 이해하려는 의도적인 목적을 가지고 있다. 상대에게 부담을 주지 않고 스스로 마음의 문을 열도록 만드는 정중한 대화 방법이다. 따라서 갈등 없이 상대의 문제에 접근하고 자연스럽게 대화를 풀어가기에 아주 좋다.

또한 공감적 경청은 말하는 사람이 듣는 사람을 이해하는 데도 도움이 된다. 칼 로저스(Carl Rogers)는 누군가로부터 공감을 받을 때 그 사람에게 어떤 영향이 미치는지 다음과 같이 설명한다.

> 어떤 사람이 당신을 비판하려 하지 않고 당신에 대해 책임감을 느끼지 않고 당신에게 영향을 미치지 않으면서 … 당신의 말에 진지하게 귀 기울여 들어줄 때는 정말 기분이 좋다. 누군가 내 이야기에 귀를 기울이고 나를 이해해주면 나는 새로운 눈으로 세상을 보게 되어 앞으로 나아갈 수 있다. 누군가가 진정으로 들어주면 암담해 보이던 일도 해결될 수 있다는 것은 정말 놀라운 일이다. 돌이킬 수 없어 보이던 혼돈도 누군가가 잘 들어주면 맑은 시냇물 흐르듯 풀리곤 한다(「비폭력 대화」, 마셜 B. 로젠버그, 캐서린 한 옮김, 바오, p. 167).

공감적 경청을 잘하려면 어떻게 해야 하는가? '말 잘하는 법'을 뒤집으면 '잘 듣기의 기술과 전략'이 될 수 있다. 말을 잘하기 위해서는 '자신의 감정과 욕구를 정확하게 잘 표현하라'고 했다. 이것을 듣는 사람의 입장에서 뒤집어 생각해보면 '말하는 사람의 감정과 욕구를 정확하게 읽고 잘 표현하라'는 의미이기도 하다. 공감적 경청은 상대가 말하는 내용과 같이 관찰할 수 있는 요소로부터 상대의 내면의 목소리에 이르기까지 그 의미를 정확하게 포착하는 일이다. 그런데 이렇게 포착하고 이해하는 것만으로는 부족하다. 듣는 사람이 관찰하고 추론하고 느낀 바를 말하는 사람에게 표현하는 것이 중요하다.

예를 들면 여자 친구가 "우리 헤어져!"라고 말했다고 하자. 이런 상황에서 헤어지고 싶을 만큼 실망하고 힘들어하는 여자 친구의 사정을 남자 친구가 알게 된 것만으로 충분한가? 그렇지 않다. 남자 친구는 자신이 듣고 이해한 내용을 여자 친구에게 구체적으로 전달해야 한다. "나에게 실망했구나. 헤어지고 싶을 만큼 내가 너를 힘들게 한 모양이구나." 이와 같이 얘기한다면 여자 친구는 남자 친구가 자신의 마음을 이해했다고 느끼게 될 것이다.

남자 친구의 이러한 반응은 여자 친구에게 매우 긍정적으로 작용한다. 앞으로 남자 친구가 자신의 마음을 알아주고 이해해줄 가능성이 있다고 느끼게 될 것이다. 이와 같은 기대가 싹틀 때 두 사람은 더욱 친밀하고 신뢰하는 관계로 발전할 수 있다.

이렇듯 공감적 경청은 두 과정으로 나누어 생각해볼 수 있다.
첫째, 상대가 하는 말의 내용과 관찰하기 힘든 내면의 목소리를 포착하고 알아차리는 과정이다. 이 과정은 감수성의 차원에서 이루어진다. 이렇게 하려면 자기 중심이 아닌 상대의 관점에서 바라보는 자세가 필요하다. 그런 의미에서 말하기는 '요령'과 '기술'이지만 듣기는 '마음'과 '자세'라고 할 수 있다.

둘째, 이해한 상대의 감정과 욕구를 표현하여 전달하는 과정이다. 즉 의사소통의 차원이다. 이렇게 하려면 감정에 적합한 이름을 붙여줄 수 있도록 다양한 '감정 단어'를 알고 있어야 한다. 남자 친구가 위와 같이 표현했다고 해서 여자 친구의 마음을 완전하게 읽고 표현했다고는 할 수 없다. 그러므로 말하는 사람이 어떤 감정이나 욕구를 잘못 표현할 경우 듣는 사람이 이를 수용하고 정정할 줄 알아야 한다.

:: coaching point ::

공감적 경청, 이렇게 하면 참 쉬죠잉~

❶ 상대의 관점에서 경청하는 자세를 갖는다.
❷ 상대의 내면의 목소리(감정과 욕구)를 헤아린다.
❸ 상대의 감정과 욕구에 맞는 이름을 붙여본다.
❹ 상대가 감정을 잘못 표현하면 그 말을 일단 수용한 후 정정한다.

03 상대의 관점에 서라

대화법 강의 중 워크숍을 할 때 사용하는 방법이 하나 있다. 동화 〈달과 공주〉를 읽어주고 어떻게 하면 공주의 병을 고칠 수 있을지 소그룹 별로 논의해서 발표하는 것이다.

옛날 어느 나라에 어린 공주가 살고 있었습니다. 공주는 왕과 왕비의 사랑을 듬뿍 받으며 아름답고 건강하게 잘 크고 있었습니다. 그러던 어느 날 공주는 하늘 높이 아름답게 떠 있는 달을 보고 불현듯 그 달을 가지고 싶은 마음이 들었습니다.
공주는 부모님께 달을 따다 달라고 보채기 시작했습니다. 왕과 왕비는 '달은 따올 수 없는 것'이라고 공주를 설득했지만 허사였습니다. 학자들과 관료들이 공주를 설득하려고 갖은 노력을 다 했습니다. "달은 너무 멀리 있어서 거기까지 갈 수 없습니다." "달은 너무 커서 가까이 갔더라도 따올 수는 없습니다." 그러나 속수무책이었습니다. 공주는 이로 인해 시름시름 앓다가 병들었습니다.

이 과제를 접했을 때 대부분은 난감해한다. 달을 따온다는 것은 불가능한 일인데 바로 그 일을 공주가 해달라고 요구하기 때문이다. 게다가 그 일로 인해 공주가 병까지 났다니 답답한 노릇이다. 이 문제 앞에서 대부분은 공주를 설득해 마음을 돌리거나 공주의 병을 고치는 기발하고 엉뚱한 방법을 제시한다.

- 공주를 호수로 데려가서 물에 비친 달을 보여주면서 공주를 위해 따온 달이라고 말한다.
- 밤에 거울을 가지고 바깥에 나가면 달을 거울 속으로 불러들일 수 있다고 얘기한다.
- 커튼에 달 모형을 달아 놓았다가 공주를 그 방에 데려와 보는 앞에서 직접 커튼에 달린 달 모형을 따서 준다.

- 달은 모두가 사랑하는 것이라서 달을 따오면 다른 사람들이 불행해진다고 설득한다.
- 달을 따오려면 오랜 시간이 걸리니까 몇 년간 기다리라고 말한다. 몇 년이 지나고 좀 더 컸을 때 공주는 달은 따올 수 있는 게 아니라는 사실을 알게 될 것이다.
- 미국 달을 따주겠다고 한 후 문을 가리키면서 "It's moon(문)"이라고 말한다.

다들 재미있고 그럴 듯한 대답이지만 왠지 공주의 병을 고치는 적절한 처방책은 아니라는 느낌이다. 그렇다면 어떻게 하면 되겠는가? 동화에서는 지혜로운 한 신하와 공주와의 대화를 통해 아주 쉽게 그 해답을 알려준다.

신하 : 달은 얼마나 큰가요?
공주 : 달은 내 손톱만해. 손톱으로 가려지잖아.
신하 : 달은 어떻게 생겼나요?
공주 : 그것도 몰라? 동그랗게 생겼지, 뭐!
신하 : 그럼 달은 무엇으로 만들어졌을까요?
공주 : 반짝반짝 빛나는 황금으로 만들어졌지.

지혜로운 신하는 공주가 생각하는 달, 즉 손톱만한 크기의 황금구슬을 공주에게 갖다 주었다. 공주는 소원을 이루었다고 기뻐했고 자연히 병도 나았다. 그런데 또 다른 문제가 생겼다. 밤하늘에 여전히 달이 떠 있는 것을 보고 공주가 어떻게 나올지 걱정된 것이다. 그런데 이 걱정도 공주에게 질문해서 해결할 수 있었다.

신하 : 공주님, 달을 따왔는데 오늘밤 달이 뜨면 어떻게 하지요?
공주 : 바보, 그것을 왜 걱정해? 달이 어디 하나만 있니? 달은 호수에도 떠 있고 거울 속에도 있어. 세상 천지에 가득 차 있는데 우리가 하나쯤 떼온다고 문제될 게 없어.

정말 기발하고 통찰력 있는 동화다. 왜 그런가? 공주의 소원을 이루어주고 병도 낫게 해주어서인가? 공주의 생각이 어린아이같이 순수해서인가? 아니, 아마도 전혀 생각지 못한 기발한 질문을 해서일 것이다. 지혜로운 신하는 공주에게 질문하며 공주가 생각하는 달이 어떤 것인지 확인하고 있다. 공주의 관점에서 달을 보는 것이다. 덕분에 공주의 병을 낫게 할 수 있는 확실한 처방법을 얻게 된다. 이렇듯 상대의 관점에서 들으면 문제가 쉽게 해결되는 경우가 많다.

어떤 일이든 상대의 관점에서 보고 들을 수 있으면 좋은데 이게 만만한 일이 아니다. 그 이유는 무엇인가?

첫째, 사람마다 보고 듣는 관점이 다르기 때문이다.
KBS 방송에서 특별기획으로 제작한 〈마음〉이라는 프로그램에서는 우리의 마음이 뇌에 있다고 주장한다. 뇌는 뉴런이라는 신경세포와 신경세포 말단에 있는 시냅스(synapse)로 구성되어 있기 때문에 마음은 이 뉴런과 시냅스 작용의 결과라고 할 수 있다고 하는 것이다. 이미 형성된 100조가 넘는 뉴런 네트워크에 투입되는 정보가 사람마다 다르기 때문에 사람의 마음은 저마다 다르다고 한다. 사람은 같은 관점으로 생각하고 느끼지 않는다.

우리가 말하고 듣는 과정을 살펴보아도 알 수 있다. 말하는 사람이 어떻게 표현하느냐에 따라 말의 의미가 달라진다. 듣는 사람의 생각과 선입견, 기대, 마음 상태에 따라서 같은 말도 해석이 달리 될 수 있다. 따라서 말하는 사람의 의도와 듣는 사람의 해석이 항상 같을 수는 없다.

둘째, 저마다 자기중심적인 관점에서 보고 들으려는 경향이 있기 때문이다.

우리는 보통 자신의 경험과 지식으로 사물을 인식하고 판단한다. 대인관계를 연구하는 학자들의 말에 따르면 갈등 상황에 있는 사람이 상대의 입장에 서서 상대를 이해하려고 노력하는 시간은 자기 입장에서 생각하는 시간의 1퍼센트밖에 되지 않는다고 한다. 그만큼 우리는 자기중심적으로 상황을 파악하고 상대를 이해는 상태에서 대화를 한다. 동시에 상대 역시 다른 시각으로 보고 생각하며 느끼고 있다. 그러므로 평소 상대 중심의 철학이 몸에 배어 있지 않으면 공감하며 의사소통을 하기가 쉽지 않다.

〈달과 공주〉의 예만 보더라도 우리의 관점에서 본다면 공주의 요구는 어이없고 말도 안 된다. 대부분이 공주를 이해하지 못했다. 난감해하며 자기 관점에서 어떻게든 공주의 마음을 돌려보려고 했다. 그런데 지혜로운 신하처럼 공주의 관점에서 본다면 달을 따달라는 요구는 가능할 뿐더러 어려운 일이 아니다. 왕의 입장에서 공주가 생각하는 달, 즉 손톱만한 크기의 황금 구슬을 만들어주기란 어려울 게 없는 일이다.

이렇듯 상대의 관점에서 상대의 말을 이해하고 들어줄 때 소통이 원활해져 의외로 쉽게 문제의 실마리를 찾고 관계상의 많은 갈등들이 해결될 수 있다.

인도의 영적 스승 바바 하리다스(Baba Hari Dass)의 〈산다는 것과 죽는다는 것은〉에 나오는 다음 얘기는 상대의 관점으로 바라보는 진정한 배려가 무엇인지 가르쳐준다.

앞을 볼 수 없는 맹인이 물동이를 머리에 이고 손에는 등불을 든 채 길을 걷다가 마을 사람 한 명과 마주쳤다. 마을 사람이 말했다. "앞을 못 보면서 등불은 왜 들고 다니나요?" 맹인이 대답했다. "당신이 내게 부딪힐까 봐요. 이 등불은 내가 아니라 당신을 위한 것입니다."

함석헌의 시 〈그대 그런 사람을 가졌는가?〉에 "온 세상이 다 나를 버려 마음이 외로울 때 '저 마음이야' 하고 믿어지는 그 사람을 그대는 가졌는가"라는 구절이 나온다. 외롭고 힘들 때 나의 관점에서 함께 공감해줄 사람이 있다면 얼마나 기쁘겠는가? 마음이 통하는 진정한 친구를 얻은 것 같아 얼마나 든든하겠는가?

이렇듯 상대의 관점에서 상대의 말을 경청하면 사람을 얻을 수 있다. 빌립보서에도 상대의 관점에서 마음을 같이하라고 말하고 있다.

마음을 같이하여 같은 사랑을 가지고 뜻을 합하여 한 마음을 품어 아무 일에든지 다툼이나 허영으로 하지 말고 오직 겸손한 마음으로 각각 자기보다 남을 낫게 여기고 각각 자기 일을 돌볼 뿐더러 또한 각각 다른 사람들의 일을 돌아보아 나의 기쁨을 충만하게 하라(빌 2:2-4).

약혼한 연인이 결혼을 앞두고 예물 반지를 사기 위해 보석상을 찾아갔다. 여자는 단순하고 세련된 반지가 마음에 들었다. 그런데 남자는 결혼반지만큼은 예물로서 두고두고 가치가 있는 반지를 사고 싶었다. 두 사람 사이에 반지를 선택하는 문제로 갈등이 생겼다.

남자 : 이걸로 결혼반지 하면 어때?
여자 : 나는 단순하면서도 세련된 저 반지를 사고 싶어.
남자 : 그건 어린 친구들이 끼는 커플링 같아. 결혼반지니까 이왕이면 예물 가치가 있는 걸로 하자.
여자 : 반지는 내가 끼는 거니까 내 취향대로 고르면 좋겠어.
남자 : 취향하고는…. 그리고 결혼은 혼자 하니? 신랑인 내 의견도 중요해. 그러니 예물 가치가 있는 이 반지로 하자.

결국 이 커플은 둘의 마음을 함께 만족시켜줄 다른 반지를 고르기로 했다. 이때 남자가 여자의 관점에 서서 약혼녀의 마음을 공감해주는 대화를 했다라면 어떠했겠는가?

남자 : 이걸로 결혼반지하면 어때?
여자 : 나는 단순하면서도 세련된 저 반지를 사고 싶어.
남자 : (나와 생각이 다르네.) 세련되어 보이는 저 반지가 더 끌리는구나. 너에게 잘 어울릴 것 같아. (상대의 관점에서 느끼고 공감함) 그런데 결혼 반지니까 이왕이면 예물 가치가 있는 이 반지를 고르면 좋겠어.
여자 : (내가 뭘 좋아하는지 이해해주니 고맙네. 세련되어 보이는 저 반지가 마음에 들기는 하지만 예물 가치로 따지면 이 반지도 괜찮기는 해.) 그렇긴 해. 그런데 예물 반지로는 이게 좋기는 하지만 평소 끼고 다니기에는 저 반지가 좋을 것 같아.
남자 : 그럼 예물 반지는 이걸로 하고 나중에 여유가 될 때 저 반지 사주면 안 될까?
여자 : 그러면 좋지. 고마워.

다른 커플들과 상담하는 도중에 각각의 경우에 대해 어떻게 느껐느냐고 여자들에게 물어보았다. 대부분이 첫 번째 경우처럼 대화가 흐른다면 절대 양보하고 싶지 않을 것이라고 대답했다. 여자 마음도 모르는 남자가 야속해서라도 자기 의견을 관철시키고 싶은 마음이 든다고 얘기했다. 그런데 두 번째 경우처럼 남자가 여자의 관점에 서서 공감을 해주면 어느 반지를 사든 괜찮을 것 같다고 밝혔다.

04 내면의 목소리를 들으라

 사귄 지 1년이 다 되어가는 재형과 수정은 평소 닭살 커플로 소문났지만 오늘은 왠지 둘 사이에 냉랭한 기운이 돈다. 어제 전화하기로 한 재형이 하루종일 감감소식, 이른바 '잠수'를 탔기 때문이다. 별 말 없이 커피만 마시던 수정은 마침내 재형에게 말문을 연다.

수정 : 어제 왜 전화하지 않았니?
재형 : 바쁜 일이 있어서. 미안해. (혹은) 깜박 잊었어. 미안해.
수정 : 그러면 문자라도 보내지. (혹은) 어떻게 그런 일을 잊어버리니?

재형 : 그럴 수도 있지. 되게 뭐라 그러네.

수정은 재형과 대화하면서 어떤 느낌이 들었겠는가? 재형이 속상한 자기 마음을 헤아려주지 않고 변명하는 것처럼 들렸을 것이다. 그래서 용서하고 싶은 마음이 생기지 않았을 것이다.
수정의 말을 들어보면 재형이 전화하지 않았다고 비난하는 것 같지만 실은 이렇게 말하고 있는 것이다. '나 어제 하루종일 전화 기다렸는데 아무 연락이 없어서 속상하고 섭섭했어.' 경우에 따라서는 이렇게 말하는 것일 수도 있다. '나에게 관심이 없어지는 거 아니야? 사랑이 식어가는 것 같아 불안해.' 즉 수정의 욕구를 추론해보면 '나는 너에게 관심 받는 소중한 존재가 되고 싶다' 인 것이다.
한편 재형은 위의 대화를 하면서 어떤 느낌이 들었겠는가? 수정의 말에만 초점을 맞추면 수정이 자신을 비난하고 따지고 있다고 생각되어 기분이 상할 수 있다. 피치 못할 사정이 있었을 경우 억울한 느낌도 들 것이다. 또 수정이 자신의 작은 실수도 받아주지 못하고 잔소리한다고 생각되어 스스로를 방어하거나 상대를 공격하는 태도를 취하게 될 수 있다.
그렇다면 상대의 내면의 목소리, 즉 상대의 감정과 욕구에 초점을 맞출 경우 대화가 어떻게 달라질 수 있는지 살펴보자.

 수정: 어제 왜 전화하지 않았니?
 재형: 내가 전화하지 않아서 서운하고 속상했구나. (상대의 느낌을 헤아림) 미안해. 어제 바쁜 일이 있어서 못했어.
 수정: 그랬구나. (자신의 마음을 공감해주자 섭섭한 마음이 풀림) 이해는 하지만 앞으로는 아무리 바빠도 간단한 문자 메시지 정도는 남겨주면 좋겠어.
 재형: 그래.

상대의 감정과 욕구를 읽고 공감해주면 부정적인 감정이 해소된다. 자신의 내면을 상대가 이해하거나 인정해주는 느낌이 들면 불안했던 마음과 오해가 풀린다. 또 자신이 상대에게 관심 받는 중요한 존재라는 느낌을 갖게 된다.

일상적인 대화에서는 상대의 말을 그 의도에 맞게 이해할 수 있으므로 소통상 별 어려움이 없다. 언어라는 기호체계가 잘 조직되어 있어 어느 정도 잉여적 해석이 가능하기 때문이다. 그런데 '어려운 대화'를 할 경우에는 의사소통이 어려워진다.

'어려운 대화'란 갈등 상황에서 나누는 대화라던가 부정적인

감정이 수반되는 대화를 말한다. 이처럼 어려운 대화 요소를 가지고 있으면 의사소통이 힘들고 서로간에 오해가 생길 수 있다. 말하는 사람은 갈등으로 인해 괴롭거나 감정이 격앙된 상태에서는 자신의 마음과 메시지를 제대로 전달하기 힘들다. 듣는 사람 역시 마음에 여유가 없어 문제를 객관적으로 해석하기 힘든 상태가 된다.

이렇게 '어려운 대화' 상황에 잘 대응하며 상대와 원활하게 소통을 할 수 있는 방법은 무엇인가? 먼저 말하는 사람이 자신의 감정과 욕구를 잘 표현해야 한다. 그래야 상대가 그 마음을 이해할 수 있다. 또한 듣는 사람은 상대가 말하고자 하는 '내면의 목소리'를 듣고 이해해야 한다. 상대의 느낌과 욕구를 읽고 표현하는 것이다. '내면의 목소리'에 귀 기울여주면 상대는 자신이 이해받고 있음을 느끼며 마음을 열게 된다. 두 사람 사이를 가로막고 있던 방어 벽이 허물어지면서 의사소통이 더욱 원활해진다.

안타깝게도 우리 대부분은 감정과 욕구를 표현하거나 이해하는 방법을 제대로 배우지 못했다. 뿐만 아니라 우리의 언어 습관을 보면 객관적인 말의 내용에 중점을 두고 주관적인 내면의 목소리는 무시하는 경향이 있다. 이런 이유로 상대가 표현하는 말 그 자체에 무의식적, 습관적, 자동적으로 반응한다.

그러므로 '내면의 목소리'를 듣고 이해하는 훈련을 의식적으로라도 할 필요가 있다. 상대의 감정과 욕구를 읽고 표현하는 연습을 하는 것이다. 내면의 목소리야말로 상대가 정말로 이해 받고 싶은 내용이기 때문이다.

명민은 아침부터 몸이 좋지 않아 회사에서 힘든 하루를 보냈다. 저녁에 여자 친구 혜영과 데이트 약속이 있어 취소할까 생각도 했지만 사랑하는 사람을 만나면 오히려 힘이 날 것 같아 약속 장소에 나갔다. 정말이지 오늘만큼은 연인에게 한껏 위로받고 싶은 마음이다.

명민: 오늘 모든 게 엉망이야!
혜영: 그게 무슨 소리야. 뭐가 엉망인데. (내가 뭘 잘못했냐고 이런 소리를 하는 거야. - 명민이 표현한 말의 내용에 초점을 맞춤) 나랑 데이트 하는 게 그렇게 짜증나?
명민: 무슨 엉뚱한 소리야. 그냥 힘들고 언짢다는 느낌을 얘기했을 뿐인데.
혜영: 내가 잘못해서 네가 그렇게 느낀다는 뜻 아니야?
명민: 아니야, 그냥 내 기분이 그렇다는 뜻이야. 너와 상관없어.

혜영은 자기 행동이나 말 때문에 남자 친구가 짜증이 난 것 같아 기분이 좋지 않다. 명민이 자신을 탓하는 것 같아 속상하기도 하다. 그래서 명민에게 "나랑 데이트 하는 게 그렇게 짜증나?"라고 되받아친 것이다. 하지만 사실 명민이 "오늘 모든 게 엉망이야"라고 말한 것은 자신이 지금 어떤 마음이고 무엇을 바라고 있는지 알아달라는 뜻을 가지고 있다. '내 마음 좀 위로해줘'라고 요청하고 있는 것이다.

그렇다면 상대의 내면의 목소리, 즉 상대의 감정과 욕구에 초점을 맞출 경우 대화가 어떻게 달라질 수 있는지 보자.

명민 : 오늘 모든 게 엉망이야!
혜영 : 오늘 뭔가 안 풀리고 짜증나는 일이 있었나 보네? (상대의 느낌과 욕구에 초점을 맞춤)
명민 : 응, 왠지 몸도 무겁고 기분도 별로야. 하는 일마다 꼬이고 마음이 어수선해.
혜영 : 그래, 그런 날도 있지. 정말 힘들겠다. 내가 뭐 도와줄 일 없니?
명민 : 괜찮아. 네가 위로해주니 기분이 한결 좋아졌어. 고마워.

위의 대화에서 보듯이 말하는 사람이 잘 표현하지 않아도 듣는 사람이 상대의 감정과 욕구에 초점을 맞춰서 경청하면 내면의 목소리를 듣고 둘 사이의 소통이 원활해진다.

감정에 알맞은 이름을 붙여라

이렇게 대화 속에서 상대의 감정과 요구를 읽어냈다면 이제는 그것에 알맞은 이름을 붙여주어야 한다. 자신이 이해한 상대의 감정과 욕구를 표현하여 전달하기 위해서다. 본격적인 의사소통으로 들어가는 것이다.

어떤 사람은 대화법 수업을 들은 후로 감정을 표현하는 단어를 기억하기 위해 아예 '감정 단어장'을 가지고 다닌다고 한다. 대화를 할 때 감정을 정확히 표현하는 단어가 생각나지 않으면 얼른 단어장을 꺼내서 들여다보며 대화를 이어간다는 것이다. "잠깐만요. 그러니까 당신은 회사에 늦을까 봐… 음 그러니까… '안절부절 못하겠다' 아니 '심란하다', '걱정된다' 라는 뜻인가요?"

이렇게 감정에 정확한 이름을 붙이려고 노력하면서 대화를 하다보면 서로 간에 오해하거나 다툴 일이 줄어든다는 것이다. 게

다가 감정 단어를 점점 더 많이 알게 되어 이제는 단어장 없이도 느낌을 잘 표현할 수 있게 되었다고 한다.

평소 얼마나 많이 감정 단어를 알고 있는지 이 책의 부록에 실린 감정 단어들을 보면서 확인해보자. 대화법 상담가이자 강사인 나 자신조차 알고 있는 감정 단어 수가 생각보다 빈약하다는 사실을 확인하고 많이 놀랐다. 이제부터라도 감정 단어장을 준비해 미세하고 섬세한 감정 표현을 잘할 수 있도록 노력하자. 그러면 다른 사람의 마음을 좀 더 잘 읽고 표현할 수 있게 될 것이다. 의사소통이 원활해지는 것은 물론이다.

이 방법은 특히 느낌에 대한 감수성이 낮고 늘 생각이 앞서는 사람들에게 유용하다. 롤로 메이(Rollo May)는 말한다.

성숙한 사람은 감정의 여러 가지 미묘한 차이를 마치 교향곡의 여러 음처럼, 강하고 정열적인 것부터 섬세하고 예민한 느낌까지 모두 구별할 능력이 있다. 일반 사람들은 '기상나팔 정도' 밖에 자신의 느낌을 표시하지 못한다.

자신의 미세한 감정을 잘 표현하는 일은 올바른 의사소통에 매우 중요하다.

잘못 표현한 감정을 상대가 정정하면 그것을 수용하라

상대의 말을 해석하는 과정은 듣는 사람이 자신의 추측과 경험에 비추어 추정하는 과정일 뿐이다. 어느 누구도 말하는 사람의 내면의 목소리를 정확하게 전부 이해할 수는 없다. 그렇게 하기에 사람은 너무 복잡한 존재이고 우리의 상상력에는 한계가 있다. 사실 말하는 사람은 듣는 사람이 자신의 마음을 꿰뚫어 알기를 원하기보다는 얼마나 자기 말을 잘 들으려고 노력하는가에 관심을 갖는다. 듣는 이의 이해하려고 노력하는 모습이 가장 긍정적인 메시지를 전달하는 셈이다.

하나님 외에는 "당신을 완전히 이해한다"라고 말할 수 없다. 상대의 마음을 읽는 과정에서 본의 아니게 잘못 해석할 수 있고 적절하지 않게 표현할 수도 있다. 이런 경우에 상대가 그 표현을 정정해서 말하면 이를 수용할 줄 알아야 한다.

A : 어제 저녁에 설사가 나서 다섯 번이나 잠이 깼어.
B : 많이 고통스럽겠구나.
A : 아니, 단지 졸리고 힘이 없을 뿐이야. (정정함)
B : 잠을 설쳐서 졸립구나. (정정한 감정을 수용함)

A : 동생이 교통사고를 당했어.

B : 많이 걱정되겠다.

A : 아니, 놀랐을 뿐이야. 크게 다치지는 않았거든. (정정함)

B : 그런 소식을 들으면 누구나 놀라지. 그래도 심하게 다치지 않아서 정말 다행이다. (정정한 감정을 수용함)

05 공감적 경청의 유익

공감적 경청을 효율적으로 사용하면 그 효과는 믿기 어려울 정도로 놀랍다. 갈등 해결, 자존감 향상, 변화와 성장, 원활한 의사소통 등이 일어난다. 관계의 친밀감과 신뢰감은 부수적으로 따른다.

상대의 마음을 이해하고 수용할 수 있다

공감적 경청을 하면 상대의 생각을 이해할 수 있게 된다. 나아가 자신의 생각과 상대의 생각이 어떻게 다른지 알 수 있다. 자신이 주장한 생각들에 고쳐야 할 부분이 있을 수 있다는 사실을 깨닫게 되기도 한다.

다음은 어느 대학 강사가 겪은 일이다. 한창 강의가 진행되는데 한 학생이 구석에서 삐딱하게 앉아 강의에 대해 구시렁거리기 시작했다.

학생: 어휴, 이것도 강의야?
강사: (기분이 아주 나쁘고 창피했다. "야! 그럼 잘난 네가 강의해봐"라고 소리 치고 싶었지만 먼저 학생의 생각에 공감부터 하기로 한다.) 학생! 내 강의가 마음에 안 드는 모양이군. (상대의 입장에서 상대의 감정과 욕구를 읽고 표현함)
학생: 네, 제가 본 책을 그대로 읽듯이 강의하고 있잖아요.
강사: 맞아. 자네도 그 책을 읽었군. 내용이 참 좋아서 학생들에게 알려주고 있는 거네. 다른 강의를 듣고 싶다면 교실에서 나가도 좋네. 복습하는 셈 치고 다시 들어도 좋고.
학생: 그냥 강의 들을게요.
강사: 잘 생각했네.

강사는 학생과 이런 대화를 나눈 후 뿌듯한 마음이 들었다고 한다. 난처하고 분위기가 자칫 험악해질 수 있는 상황에서 지혜롭게 대처했기 때문이다. 이렇듯 상대의 감정과 욕구를 수용해주면 서로의 마음을 나눌 수 있어 대립으로 치닫지 않고 이해하는 상황을 만들어갈 수 있다.

부정적인 감정이 사라진다

재미있는 사실은 욕구가 충족되지 않아 느끼는 부정적인 감정은 누군가 이해하고 수용해주면 사라진다는 것이다. 누군가가 자신의 말에 귀 기울인다고 느끼면 상한 감정이 치유되는 것이다.

앞서 강의 시간에 구시렁거렸던 학생의 감정을 미루어 짐작해보자. 학생은 이미 알고 있는 내용을 전하는 강의가 지루했고 마음에 들지 않았을 것이다. 그래서 자기도 모르게 구시렁거리며 비난하기 시작한 것이다. 사실 강사의 입장에서는 예의 없다며 학생을 혼낼 수 있는 상황이다. 그런데도 강사가 오히려 학생의 감정을 이해해주자 학생의 마음이 달라졌다. 강사가 왜 강의를 그렇게 하는지 이유를 알게 되었고 책을 읽었다며 칭찬까지 받자 미안한 마음도 생겼을 것이다. 그러면서 상한 감정은 사라지고 강의를 긍정적으로 듣고 싶은 마음이 들었을 것이다. 그런 차에 강사가 복습을 제안하자 흔쾌히 승낙한 것이다.

여름휴가를 여자 친구 수정과 함께 보내기 위해 교회 수련회에 참석한 재형은 너무 빡빡한 일정에 짜증이 났다.

재형 : 누가 수련회 계획을 이런 식으로 짰어?
수정 : (내가 보기에는 괜찮은데. 그래도 힘들어하는 것 같으니 그 마음부터 헤아려줘야지.) 계획이 마음에 안 드는구나.
재형 : 쉬는 시간도 없이 계속 집회만 있잖아.
수정 : 집회만 해서 짜증이 나나 보네.
재형 : 여름 휴가까지 내서 왔는데 개인 시간을 어느 정도는 허용해야 하는 것 아니야?
수정 : 개인 시간이 없어서 못마땅하구나.
재형 : 이럴 줄 알았다면 오지 않는 건데.
수정 : 후회해?
재형 : 오늘이라도 그냥 돌아갈래.
수정 : 실망했으니 돌아가고 싶겠지. 그런데 저녁 집회까지만 참

석하고 나서 결정하면 어떨까? 좋은 강사가 온다는데 은혜로운 시간이 될 것 같아.

재형: (짜증나고 실망스러운 자신의 마음을 여자 친구가 이해해주자 어느 정도 마음이 가라앉는다.) 누군데?

수정: ○○○ 목사님! 워낙 유명해서 모시기 힘들었는데 1년 전부터 미리 초청해서 이번에 오시는 모양이야.

재형: 그래? 그러면 저녁 집회까지만 참석해볼까?

수정: 그게 좋을 것 같아. 일정이 빡빡하기는 해도 유익한 프로그램들이잖아. 몸은 좀 피곤해도 영적으로 위안을 얻을 수 있을 거야.

그날 재형은 저녁 집회에 참석해서 은혜를 받고 수련회 마지막 날까지 참석했다. 마음에 들지 않는 부분이 있었지만 이느 정도 만족한 수련회가 되었다.

재형은 원래 자기 생각과는 달리 빡빡한 수련회 일정에 짜증이 나고 힘들었다. 그런데 여자 친구 수정이 자신의 부정적인 감정을 이해하고 수용해주자 그런 마음이 차츰 가라앉았다. 마음의 갈등이 풀리면서 수련회 프로그램들도 차츰 긍정적인 눈으로 보이기 시작했다. 이렇듯 욕구가 충족되지 않아 생긴 부정적인 감정은 누군가가 수용해주면 눈 녹듯이 사라진다. 그러므로 더욱 상대의 마음을 이해하고 수용해줄 필요가 있다.

자존감이 높아지고 변화와 성장을 이룬다

앞서 말했듯이 인간을 행동하게 만드는 여러 동기 중에서 다른 사람에게 이해받고자 하는 욕구가 가장 강력하다. 이해받는 가운데 자신이 중요한 존재라는 사실을 느끼고 싶어 하는 것이다. 실제로 다른 사람으로부터 관심과 이해라는 선물을 받으면 자신이 가치 있고 중요한 존재가 된 것 같아 기쁨을 느끼게 된다. 자신의 내면을 존중하고 신뢰하게 된다. 이러한 자신감과 존중감을 가질 때 우리는 자신을 건강하게 표현하고 충족시키며 살 수 있다. 자기 내면에 잠재된 무한한 가능성을 마음껏 발휘할 수 있는 힘도 갖게 된다.

상대의 이해와 수용이 나의 자존감으로 바뀌는 것이다. 상대의 마음을 여는 대화, 마음이 통하는 대화는 우리의 존재 가치와 자존감의 '양분'이 된다. 마이클 니콜스는 「대화의 심리학」에서 이렇게 말한다.

자아는 검은 머리나 큰 키처럼 처음부터 정해지는 것이 아니라 대인관계의 영향을 받아 형성된다. 인성은 관계 속에서 만들어지며 다른 사람이 보내는 반응, 즉 잘 들어주느냐 않느냐는 자아에 막대한 영향을 준다.

누군가 내 말에 공감하며 귀 기울여줄 때 우리는 상대가 나의 진정한 가치를 인정해주고 있다는 생각을 갖게 된다. 안정적이고 외부의 자극에 잘 견딜 수 있는 자아가 형성되며 높은 자존감을 가질 수 있다. 자신만의 재능과 이상을 키워 나가고 자신감과 인내심을 발휘하며 건강한 인간관계를 맺을 준비를 하는 것이다. 또한 다른 사람에게 이해와 수용을 받은 사람은 자기 자신도 수용할 줄 알면서 자신의 문제를 스스로 해결하고 변화하며 커나가게 된다.

선화는 요즘 며칠 동안 왠지 무기력하고 짜증이 난다. 옆구리에 살이 잔뜩 붙어 있는 것 같고 얼굴도 달덩이처럼 커진 것 같아 거울 보기가 싫어질 정도다. 그래서 남자 친구 준수에게 하소연한다.

선화 : 요즘 왠지 힘들어. 나 좀 뚱뚱한 편이지?

준수 : (오늘 유난히 힘들어 하네. 살쪘다고 걱정하고 있는 것 같군.) 너답지 않게 의기소침해 하긴. 넌 지금도 충분히 예뻐.

선화 : (그래, 내가 요즘 자신감이 없어진 것 같아. 그래도 여전히 남자 친구에게 예뻐 보인다니 다행이야. 좀 더 자신감을 갖기 위해 에어로빅이라도 해야겠다!) 그 말을 들으니 안심이 돼. 역시 자기밖에 없어.

뚱뚱해 보일까봐 걱정하던 선화의 마음을 남자 친구가 수용해 주자 걱정하는 마음이 사라졌다. 선화는 심리적으로 안정되며 자신감을 찾았고 운동을 해야겠다는 의욕도 생겼다.

설날 아침 온 식구가 한 자리에 모였다. 아빠는 네 살짜리 아들에게 한복을 입혀서 할아버지에게 세배를 시키려고 한참이나 실랑이를 벌이고 있다. 아무리 얼르고 을러도 아이는 도무지 한복을 입으려고 하지 않는다. 난감해진 엄마, 아빠는 어찌해야 좋을지 모른다.

아이 : 싫어, 싫어. 나 한복 안 입을래.

아빠 : 설날에는 한복 입고 세배하는 거야. 할아버지, 할머니가 기다리고 계시잖아. 얘가 왜 이래? 착하지! 얼른 입자.
아이 : 싫어, 입기 싫단 말이야.
(이때 옆에서 지켜보던 삼촌이 나선다.)
삼촌 : 너, 한복이 마음에 안 드는 모양이구나. (조카의 마음을 이해함)
아이 : 응, 이거 싫어.
삼촌 : 그래, 버스럭거리기도 하고 네가 좋아하는 색깔도 아니네. 세배만 하고 얼른 다른 옷으로 갈아입자.
아이 : 응.

정말 믿기지 않는 일이 일어났다. 한복을 안 입겠다고 고집을 부리던 아이가 순순히 한복을 입는 것이다. 아이에게 어떤 심리적 변화가 일어난 것인가?

상황을 추측해보면 이렇다. 아이는 한복이 마음에 안 드는데 엄마, 아빠가 자기 마음도 이해하지 못하고 일방적으로 입으라고 재촉만 하자 기분이 나빠진다. 부모가 강요할수록 아이는 고집스러워진다. 이런 모습을 옆에서 지켜보던 삼촌이 나서서 아이의 마음을 이해해주자 아이는 고집을 꺾고 한복을 입는다.

아이는 한복을 입으면서 이렇게 생각했는지 모른다. '이 한복 정말 마음에 안 들어. 하지만 할아버지, 할머니께 세배하려면 한복을 입어야겠지?' 자기 마음을 알아주는 삼촌의 한 마디에 아이는 속상한 마음을 내려놓고 자신이 얼마나 좋은 아이인지 알려주고자 하는 긍정적인 생각을 가지게 되었다.

마음속 깊은 곳의 고민을 나눌 수 있다

대개는 말하기 쑥스러운 고민이나 마음속 깊은 갈등은 즉시 끄집어내기가 쉽지 않다. 처음에는 표면에 드러난 문제를 말하다가 차츰 분위기를 봐가며 속내를 털어놓게 된다. 이럴 때 상대가 공감적 경청을 해주면 자신이 받아들여지고 있다는 느낌이 들면서 마음을 열고 말할 용기가 생겨 마음속 깊은 문제까지 나눌 수 있게 된다.

동현과 은숙은 5년째 교제해온 커플로 결혼을 약속한 사이다. 요즘 동현은 졸업을 앞두고 머리가 복잡하다. 외국에 나가 공부를 더 하고 싶지만 집안 형편이 여의치 않아 공부만 계속 할 수 없는 처지이고 세 살 연상인 여자 친구 은숙은 결혼을 서두르는 눈치다. 동현은 사랑하는 사람을 더 이상 기다리게 하고 싶지 않아 당장이라도 결혼을 하고 싶지만 그러자면 공부를 포기하고 직장에 다녀야 한다. 결혼과 공부, 어느 쪽도 포기할 수 없는 동현은 고민에 빠졌다.

동현: 결혼하려면 졸업하고 바로 직장을 구해야겠지?
은숙: 교수님이 직장에 추천서 써주신다고 했잖아.
동현: 응, 그런데 공부를 좀 더 했으면 해.
은숙: 직장 다니면서 공부하기는 힘들까?
동현: 아니, 힘들다기보다는 유학을 가고 싶어서. 전공을 제대로 살리려면 외국에서 공부해야 하거든.
은숙: 유학과 결혼 문제 사이에서 고민하고 있구나. (상대의 마음을 공감함)
동현: 사실은 좀 더 공부해서 외국 대학에서 주는 전액 장학금을 받고 유학하고 싶어.
은숙: 열심히 공부하면 되잖아.
동현: 그러려면 공부만 해야 돼. 직장을 다니면서 공부하는 것으로는 부족해.

은숙: 공부를 더 하고 싶은데 여건이 안 돼서 힘들어 하는구나. 직장 다니면서 공부하는 게 보통 일이 아니지. (상대의 감정을 이해함)

동현: 이해해줘서 고마워. 하지만 네가 공부보다 더 중요해. 너도 나이가 있어서 결혼을 더 이상 미룰 수 없잖아. 나중에 기회가 되면 공부하지 뭐.

은숙: (공부하고 싶은데 나를 배려해서 결혼을 결심했구나.) 결혼과 공부를 병행할 수 있는 방법은 없을까?

동현: 생활비를 벌려면 직장에 다녀야 해.

은숙: 내가 직장에 다니잖아. 그러니까 생활비는 내가 벌고 자기는 공부하면 어때?

동현: 고마운 말이지만 지금은 그렇게 하고 싶지 않아. 좀 더 생각해보자.

은숙: 너무 부담스럽게 생각하지마. 결혼하면 자기가 잘되는 일이 바로 우리가 잘되는 일이잖아.

동현은 은숙이 자신의 감정과 욕구를 수용해주자 마음속 깊은 고민을 조금씩 내비치기 시작했다. 덕분에 동현이 갈등하는 문제의 핵심에 도달하고 서로가 생각하는 대안을 나눌 수 있었다. 이렇게 마음이 열리면 둘 사이에는 신뢰감과 친밀감이 생긴다. 자신의 마음을 알고 배려해주는 상대에게 사랑의 감정도 깊어진다.

:: coaching point ::

공감적 경청의 유익, 이때도 안 할래?

❶ 상대의 마음을 이해하고 수용할 수 있다. 대립으로 치닫기보다는 이해의 자리를 마련하게 된다.
❷ 부정적인 감정이 사라진다. 누군가가 내 말에 귀 기울이고 있다고 느끼면 상한 감정이 누그러들고 치유된다.
❸ 자존감이 높아지고 변화와 성장을 이룬다. 상대가 나의 존재 가치를 인정해주고 있다는 생각이 들면서 스스로 문제를 해결하고 발전하는 모습을 보이게 된다.
❹ 마음 속 깊은 곳의 고민을 나눌 수 있다. 자신이 받아들여지고 있다는 느낌이 들면 마음을 열고 말할 용기가 생긴다.

06 적용 : 공감적 경청의 기본 자세

누구나 처음부터 잘할 수 없다. 새로운 교육을 받거나 깨달음이 생겨도 실생활에서 적용하기까지 어느 정도 시간도 걸리고 노력도 해야 한다. 언젠가 들었던 말인데 마음에 와 닿아 적어본다.

들었다고 이해하는 것은 아니다.
이해했다고 동의하는 것은 아니다.
동의했다고 기억하는 것은 아니다.
기억했다고 적용하는 것은 아니다.
적용했다고 행동이 변하는 것도 아니다.

그렇다. 변화하기까지 끊임없는 관심과 노력과 시간이 필요하다. 공감적 경청을 어떻게 하는지 알고 있어도 실제 상황에서 잘 사용하지 못해 대화가 엉망이 되는 경우가 있다. 이럴 때는 어떻게 하면 좋겠는가?

서로를 이해하고자 하는 열정을 품으라

> 사람의 마음에 있는 모략은 깊은 물 같으니라 그럴지라도 명철한 사람은 그것을 길어 내느니라(잠 20:5).

사람의 마음속에 있는 내면의 목소리를 길어내려면 명철한 사람이 되어야 한다고 성경은 말한다. 명철한 사람을 NIV 영어성경은 'A man of understanding'으로 표기했다. 이것은 '이해하는 사람', '이해하려고 애쓰는 사람'으로 해석할 수 있다. 즉 사람의 내면의 목소리를 길어내는 열쇠는 이해하려는 욕구에 있는 것이다.

원활한 의사소통을 위해서 첫째로 요구되는 조건은 이해하고자 하는 마음의 열정이다. 이 기본적인 태도를 갖고 있지 않으면 상대를 이해하기 위한 노력과 훈련을 지속적으로 할 마음 자체가 생기지 않는다. 아예 시작도 하지 못할 수 있다. 폴 투르니에는 서로를 이해하기 위한 태도를 다음과 같이 표현했다.

서로를 이해하기 위한 첫째 조건은 이해하고자 하는 열망, 이해를 추구하는 마음, 이해하고자 하는 자발적인 의지라는 것을 기억해야 한다. 이렇게 말하면 매우 진부한 이야기처럼 들릴지 모른다. 그렇지만 다른 사람을 이해하려는 이 기본적인 태도는 우리가 생각하는 것보다 훨씬 더 찾아보기 힘든 것이다.
부부간의 대화는 물론이고, 국가 간의 대화를 포함하여 우리가 살고 있는 이 세상의 모든 대화에 귀를 기울여보라. 그것은 귀머거리들의 대화다. 사람들은 주로 각자 자기 생각을 제시하고, 자신을 정당화하며, 자신을 드러내고, 다른 사람을 비난하기 위하여 말한다. 상대방을 진정으로 이해하기 위하여 서로의 관점을 주고받는 일은 거의 찾아보기 힘들다(「서로를 이해하기 위하여」, 폴 투르니에, 정동섭 역, IVP, p. 10-11).

공감이 힘든 일이라는 사실을 인정하라

　공감적 경청을 하면 소통이 원활해지고 상대도 건강하게 성장하고 변화하게 된다. 그런데 문제는 상대의 감정과 욕구를 이해하고 표현하기가 매우 어렵다는 데 있다. 습관적으로 '그냥' 들어서는 내면의 감정을 읽을 수 없기 때문이다. 그것은 의식적인 노력이 필요한 일이다.

　우리는 보통 대화할 때 상대가 하는 말을 무심하게 듣는 경향이 있다. 왜 무심하게 듣는가? '듣기'라는 것이 워낙 일상적인 행위이기 때문이다. 그래서 잘 들어주는 태도가 얼마나 중요하고 가치 있는 일인지 그 필요성을 느끼지 못한다. 숨 쉬는 게 너무나 당연하고 일상적인 일이어서 공기의 가치와 중요성을 느끼지 못하는 것과 같다.

　우리가 남의 얘기를 무심하게 듣는 또 다른 이유는 자신의 듣기 능력을 과대평가해서 자기가 남의 말을 잘 듣는다고 생각하기 때문이다. 우리는 자신에게 일어나는 감정도 헤아려 관리하기가 쉽지 않다. 왜 이러한 감정이 생기는지, 어떤 욕구로 인해 일어나는지, 이것을 어떻게 다루고 표현할지 잘 모른다. 그러니 다른 사람의 감정과 욕구를 이해하는 일은 두말할 필요도 없이 힘들다.

그럼에도 이 일을 해야 하는 것은 서로가 원활한 의사소통을 원하고 좋은 관계를 만들고 싶어 하기 때문이다. 영국에서 출간된 「당신은 진정한 부자다. 다만 아직 그 사실을 모를 뿐이다」라는 책에서는 값으로 매길 수 없는 순간의 가치를 돈으로 환산해 본다. 가장 비싼 가치를 지닌 것으로 건강하게 사는 일을 꼽았는데 29만 달러에 이르렀다. 좋은 관계를 유지하는 일은 25만 달러로 환산했다. 우리 돈으로 약 28억 원에 해당한다. 사실 이런 일들은 말 그대로 돈으로 환산할 수 없는 그 이상의 가치를 지니고 있다.

그런데 원만하고 좋은 관계를 맺고 지속하는 데 가장 필요한 지식과 기술이 의사소통이라고 하니 원활한 의사소통이 우리의 당연한 바람이자 목표가 되어야 하지 않겠는가?

의식적으로 집중해서 들으라

그러면 공감을 잘하려면 어떻게 해야 하는가? 먼저 의식적으로 집중해서 들어야 한다. 앞서 말했듯이 우리는 대화할 때 그냥 들리는 것에 대해 자신도 모르게 습관적으로 반응하는 경향이 있다. 입력한 대로 정보를 알려주는 컴퓨터처럼 즉시 자동 반응을 하는 것이다. 그래서 의식적으로 집중해서 듣지 않으면 상대의 감정과 욕구를 제대로 읽고 이해하지 못한다. 상대의 마음을 먼저 인정해주는 중요한 과정을 놓치기 쉽다. 손쉽게 살아가도록 많은 행동 양식을 프로그램화 해놓고 습관화된 양식에 따라 무의식적으로 반응하기 때문이다.

탁구를 배울 때 어떻게 하는지 생각해보자. 동작 하나하나를 분리해서 배우지 않는가? 스윙할 때 다리의 자세, 팔과 어깨, 허리의 움직임, 손목의 각도 등을 배우고 몸에 익을 때까지 연습한다. 이 모든 동작들이 익숙해지면서 탁구를 치게 되는 것이다. 동작들이 몸에 완전히 익으면 얘기를 하면서도, 음악을 들으면서도 무의식적으로 탁구를 칠 수 있게 된다.

일상생활에서 자주 하는 행동이나 말도 계속 반복되면서 습관화 된다. 그래서 어느 순간부터 더 이상 신경을 쓰지 않아도 무의식적으로, 저절로 반응하게 된다. 이러한 무의식적 행동양식은 생활하는 데 꽤 유용하다. 그야말로 일을 쉽게 해준다. 말할 때마다 단어와 문장의 뜻을 생각하고 문법에 맞는지 확인하는 번거로운 과정을 거칠 필요가 없다. 밥 먹을 때도 숟가락을 어떻게 쥐어야 할지, 반찬에 따라 어떻게 입에 넣고 씹어야 할지 하나하나 생

각하지 않고도 자연스럽게 식사를 하게 된다.

문제는 잘못된 정보가 입력되는 경우다. '습관적으로 들리는 대로 듣기'를 하다보면 상대의 내면의 목소리가 입력되지 않는 것이다. 귀에 그냥 들리는 말에 따라 자동으로 반응하기 때문에 소통에 문제가 생기고 관계에 금이 갈 수 있다. 그러니 올바른 경청 방법이라고 할 수 없다.

그렇기 때문에 바로잡아 '의식적으로 집중해서 듣는 방식'으로 상대의 말을 수정해서 입력해야 한다. 성경에서 야고보 사도는 경청의 방법을 잘 말해주고 있다.

> 내 사랑하는 형제들아 너희가 알지니 사람마다 듣기는 속히 하고 말하기는 더디 하며 성내기도 더디 하라(야 1:19).

말씀에서 보는 바와 같이 '그냥 듣고' 혹은 '들리는 대로 듣고'라고 하지 않고 '듣기는 속히 하고'라고 했다. 들리는 대로 그냥 소극적으로 듣는 게 아니라 능동적으로 귀 기울여 들으라는 의미로 풀이할 수 있다.

상대의 말을 소극적으로 들리는 대로 들으면 자동으로 생각 없이 즉각적인 반응을 보이게 된다. 상대의 관점에서 배려하지 못하고 감정적으로 반응하기 쉽다. 그러므로 자동으로 무의식적인 반응을 보이지 않으려면 '속히 듣고' 상대의 느낌과 욕구를 헤아려야 한다. 그래야 '더디 말하고 성내기를 더디' 할 수 있다.

윤아는 남자 친구 재섭과 며칠 동안 만나지 못하고 연락도 잘 안 되어 화가 났다. 재섭이 회사 일로 바쁘다는 사실은 알고 있지만 서운한 마음은 가라앉지 않는다.

윤아 : 회사 일은 혼자서 다하는 모양이지. 통 만날 수 없네.
재섭 : 진행 중인 프로젝트만 완성되면 자주 만날 수 있을 거야.
　　　(들리는 말에 그냥 반응함)
윤아 : 전화나 문자라도 해줄 수 있는 거 아니야?
재섭 : 일하다보면 거기까지 신경 쓸 겨를이 없어. (들리는 말에 그냥 반응함)
윤아 : (회사 일과 나, 둘 중에 누가 먼저야?) 두 주 동안 연락을 한 번도 안 하는 게 말이 돼?
재섭 : 미안해! 다음부터는 신경 쓸게.
윤아 : 오랜만에 만나서 다툴 생각이 아니었는데. 정말 속상해!

다음 대화에서는 재섭이 여자 친구 윤아의 말을 그냥 들리는 대로 들으며 반응하지 않고 의식적으로 집중해서 들으며 공감한다. 얘기가 어떻게 달라지는지 보자.

윤아 : 회사 일은 혼자서 다하는 모양이지. 통 만날 수 없네.
재섭 : (오랜만에 만났는데 비난부터 하니 기분이 별로 좋지 않군. 하지만 윤아가 이렇게 말하는 데는 그럴 만한 이유가 있겠지.) 그동안 나와 못 만나서 외롭고 힘들었구나.
윤아 : 전화나 문자라도 해줄 수 있는 거 아니야?
재섭 : 그래! 문자조차 안 해서 더 힘들었구나. 미안해.
윤아 : 우리 사이가 점점 멀어지는 것 같아서 걱정돼.
재섭 : (실은 그게 걱정됐구나. 정말 미안하네.) 네가 그렇게까지 생각하는 줄 몰랐어. 사실은 나도 네가 얼마나 보고 싶었는지 몰라.
윤아 : (회사 일이 너무 바쁘면 연락할 정신조차 없을지 몰라. 사랑이 식은 게 아니었어.) 그렇게 말해주니 안심이야. 앞으론 아무리 바빠도 안부 전화 잊지 않기로 하자.
재섭 : 알았어. 좀 더 신경 쓸게.

경청이 삶의 매우 중요한 부분임을 기억하라

귀 기울여 듣는다는 것은 사소한 일 같지만 우리 삶에서 아주 중요한 부분을 차지하고 있다. 가정불화는 무슨 거창한 일로 일어나는 게 아니라 사소한 말다툼이나 오해에서 비롯된다. 문자 메시지에 답하지 않은 것처럼 작은 일에도 인간관계에 문제가 생길 수 있다. 일상적인 시간 약속 지키기 혹은 미소나 친절로 삶의 방향마저 달라질 수 있다. 우리의 삶은 사소한 부분들이 모여 된 것이기 때문에 아무리 작아 보이는 일이라도 무엇이 중요한 일인지 알아야 한다.

대화는 생활 속에서 매일, 수시로 일어나기 때문에 사소해 보일지 모르지만 중요한 일이다. 그러므로 대화할 때 그냥 흘려 듣는 자세를 버리고 공감하며 경청하는 자세를 갖는다면 심오한 결과가 나타날 것이다. 태도와 관점과 생각이 바뀌기 시작하면서 점차 성숙하고 깊어진 관계를 경험하게 된다.

연인 둘이 사소한 말다툼을 하고 있다. 남자는 데이트 할 때마다 사사건건 '레이디 퍼스트'를 앞세우며 자기 좋은 대로만 하는 여자 친구가 못마땅하다.

남자 : 너는 어떻게 너만 생각하니?
여자 : 언제 나만 생각했다고 그래. 그러는 자기는 안 그러나? 작은 일은 양보하는 척하고 정작 중요한 일은 자기가 하고 싶은 대로 하잖아.
남자 : 데이트에 중요하고 안 중요한 일이 어디 있냐! 의논해서 할 일도 너는 레이디 퍼스트라며 너 좋은 대로만 했잖아.
여자 : 그래도 그 다음에는 네 의견을 따랐잖아. 내가 언제 나 좋은 대로만 했니?
남자 : 너랑은 말이 안 통해. 네 맘대로 보고 싶은 영화 봐.
여자 : 홍, 그렇게 말하면 내가 못 볼 줄 알고?

다음 대화에서는 여자가 남자 친구의 말을 공감하며 경청하기로 마음먹고 상대의 관점에서 그 마음을 읽고 표현한다. 대화가 어떻게 달라지는지 살펴보자.

남자 : 너는 어떻게 너만 생각하니?
여자 : (내가 나만 생각한다고? 정작 중요한 일은 자기 마음대로 하면서. 정말 기분 나빠. 그래도 일단 남자 친구 말에 공감해보자. 기분이 어떻길래 이렇게 말하는 걸까? 뭘 원하는 걸까? 내가 내 방

식만 고집해서 짜증이 나는 모양이네.) 내가 하고 싶은 대로만 해서 화가 난 거야?

남자 : 화난 건 아니야. 단지 의논해서 정할 일도 레이디 퍼스트라며 너 좋은 대로만 하려는 태도가 마음에 안 들어.

여자 : (나 좋은 대로만 하려고 한 건 아닌데 그렇게 느끼고 있다니.) 내 주장만 내세워서 기분이 나빴구나.

남자 : 나도 네가 하고 싶은 일을 먼저 존중해주고 싶어. 그렇지만 이 영화는 정말 재미있고 박진감 있어서 꼭 보고 싶단 말이야. 시리즈로 계속 봐오던 것이거든.

여자 : (그랬구나. 정말 보고 싶은 영화였구나.) 그런 줄 몰랐어. 그렇다면 이 영화 보자. 액션 영화는 비현실적이고 끔찍한 장면이 많이 나와서 싫다고 한 것뿐이야. 하지만 네가 그렇게 보고 싶은 영화라면 당연히 같이 볼 수 있어.

남자 : 고마워. 다음에는 네가 보고 싶은 영화 보러 가자.

첫 번째 대화에서 보듯이 서로가 자기중심적인 사고로 대화를 하면 의사소통은 어려워진다. 서로 '자기 마음을 몰라준다'며 불평하게 된다. 서로를 비난하고 공격하다보면 처음 말하려고 한 의도와는 다르게 감정이 격앙되면서 두 사람 사이에 이해가 아닌 오해가 생겨 갈등은 더욱 깊어진다. 이럴 때는 먼저 공감하며 귀 기울이는 것이 가장 지혜롭다. 그래야 두 사람 모두 갈등을 일으키는 요소를 이해하고 조절할 수 있다.

존 가트맨(John Gottman) 박사의 연구에 의하면 커플들의 갈등 가운데 69퍼센트가 영구적인 문제에 속한다고 한다. 결국 우리는 서로 다른 의견이나 생각, 가치관과 삶의 방식 때문에 갈등을 겪을 수밖에 없다. 그러므로 일상 속에서 위의 예화와 같은 일은 계속해서 일어날 것이다. 이런 상황에서 상대의 말을 공감적으로 경청한다면 서로의 다름을 받아들이고 그 차이를 조절할 수 있게 될 것이다. 덕분에 소통이 원활해지면서 두 사람은 차츰 어떤 상황에서든 서로를 신뢰할 수 있을 만큼 친밀해질 것이다. 마음이 통하는 사람과 함께한다는 것은 즐겁고 신나는 일이다.

왜 공감적 경청을 해야 하는지 생각하라

공감적 경청을 해야 하는 이유는 무엇보다 오해를 줄이고 상대를 이해하기 위해서다. 공감했다고 갈등이 사라지는 것은 아니지만 감정과 욕구를 무시하면 상황은 악화된다. 꽃밭은 일부러 망

가뜨리지 않아도 가만히 놔두고 관심을 쏟지 않으면 금방 엉망이 되고 만다. 마찬가지로 의사소통도 의식적으로 집중해서 하지 않으면 하나 둘 오해가 생겨 엉망이 될 수 있다. 오해와 이해는 얼마나 잘 듣느냐의 차이에서 온다.

의사소통의 걸림돌 중 하나가 선입견이나 편견을 가지고 사람을 대하는 태도다. 이러한 태도를 가지고 있으면 상대의 말을 듣지 않고 섣불리 판단하게 된다. 오해가 시작되는 것이다. 게다가 상대가 내 말을 잘 들어주지 않으면 무시당한 느낌이 든다. 이러한 감정이 생기면 마음의 상처를 피할 길이 없다. 무시당한다는 기분이 들 때 가만히 있을 사람은 별로 없다.

공감적 경청을 해야 하는 두 번째 이유는 행복한 인생을 꿈꾸는 사람은 올바른 의사소통 방법을 알아야 하기 때문이다. 현대 사회에서 능력 있는 자의 요건은 언어적인 표현을 얼마나 잘하는가에 달려 있다. 사회적으로 성공한 사람의 공통 요건으로 훌륭한 언어 능력이 꼽힌다. 그런데 말 잘하는 사람들을 보면 대개가 다른 사람의 말을 잘 들어주는 사람들이다.

남의 말을 잘 들어주려면 공감적 경청 방법을 효과적으로 사용할 줄 알아야 한다. 언어는 우리의 인생에 창조력과 친밀감, 신뢰, 사랑을 가져다 주는 매력이 있다. 상처를 낫게 하는 치유력도 있다. 인생은 우리가 사용하는 언어로 만들어지고 있다고 해도 과언이 아니다. 행복한 삶을 원한다면 의사소통법을 잘 배우고 훈련하라.

재연과 시연을 하라

처음 의도와는 다르게 왠지 대화가 풀리지 않으면서 소통이 엉망이 될 때는 그 과정을 머릿속으로 다시 반복하면서 재연해보는 게 좋다. 다시 이러한 일이 일어난다면 어떻게 할지 시연(試演, rehearsal)을 해보는 것이다. 그러면 공감적 경청이 몸에 익숙해져서 점점 더 효과적으로 상황에 대처할 능력이 생기게 된다.

어느 상담사는 가족상담 방법을 재연하며 배우는 과정에서 가족과의 관계가 치유되었다고 했다. 칭찬을 통해 상대를 치유할 수 있다고 해서 매일 아내의 장점을 다섯 가지씩 적기 시작했다. 장점을 적다보니 머릿속으로 아내에게 다정하게 칭찬하는 시연을 하게 된 것이다. 그러다 어느 순간부터 실제 생활 속에서 자연스럽게 말로 아내를 칭찬하게 되었다고 한다. 머릿속으로 대화하면서 친밀해진 방법이 말로 표현할 때도 자연스럽게 나왔던 것이다. 덕분에 두 사람의 관계가 많이 회복되었다고 한다.

월남전 당시 월맹군에 포로로 잡혔다가 풀려난 어느 미군 장교의 이야기도 시연의 영향력을 잘 말해준다. 그 장교가 본국에 돌아와 처음으로 나간 골프 시합에서 놀랍게도 81타를 기록했다고 한다. 참고로 일반 주말 골퍼들의 기록은 90타에서 100타 정도가 보통이다. 어떻게 그런 기록을 낼 수 있었는지 묻자 그는 감옥에 갇힌 고통을 잊기 위해 매일 골프장에 나가는 모습을 상상했다고 대답했다.

포로생활 수년 동안 머릿속으로 매일 골프장에 나가는 상상을 꾸준히 해온 것이다. 단지 머릿속으로 시연하기만 했는데도 그는 실제 시합에서 놀라운 실력을 발휘했다. 일종의 이미지 트레이닝(Image Training) 효과다.

대화의 방법에 대해 강연하고 글을 쓰는 나 역시 대화에서 실패해본 적이 많다. 그럴 때마다 그 상황을 재연하고 다시 시연해보며 실수를 줄이려고 노력했다. 연약하고 불완전한 인간인지라 앞으로 같은 실수를 반복할지도 모른다. 그러면 또 재연과 시연으로 고쳐나갈 참이다.

작심삼일(作心三日)이라는 말이 있다. 작정한 마음이 사흘을 못 넘긴다는 뜻이다. 결심이 굳지 않아 마음먹은 일이 금세 흐지부지해진다는 뜻이기도 하다. 경험해봐서 알지만 아무리 결심이 굳어도 대부분의 일이 얼마 못 가서 흐지부지 되는 예가 많다. 대화법도 예외는 아닐 것이다. 영국의 심리학자들의 연구에 의하면 약 66번의 반복된 행동을 하면 습관이 변화된다고 한다.

그렇다면 작심삼일을 작심삼월(作心三月)로 바꾸면 행동에 변화가 생기지 않겠는가? 아마도 공감적 경청에 대한 강의를 듣거나 책을 읽다가 "옳거니!" 하며 이를 실천하겠다고 마음을 먹는 사람이 있을 것이다. 그러나 한두 번 시도하다가 잘 안 되거나 어려움이 생기면 포기해버리는 경우가 많을 것이다. 이때 작심삼월을 기억하고 계속 재연과 시연을 해보라. 3개월 정도 꾸준히 연습하면 어느덧 공감적 경청을 할 수 있게 될 것이다.

문제 해결보다 공감을 먼저 하라

대화할 때 우리는 상대의 문제를 해결해주고 싶은 어떤 의무감을 느끼게 된다. 그래서 '공감' 하기보다는 가르치거나 조언해주려고 서두르게 된다. 대부분의 우리는 누군가의 말을 듣는 입장에 있을 때 입을 떼지 않으면 안 될 것 같은 욕구를 느낀다. 무언가 생각나는 게 있으면 상대의 말을 끊고서라도 끼어들고 싶은 마음이 절박해진다. 그래서 간섭하고 싶어지고 자신이 알고 있는 의견을 증명하려는 야릇한 의무감도 느낀다. 하고 싶은 말을 다 했다고 생각될 때까지 말하기를 멈추지 않는다.

하지만 대화를 할 때는 문제 해결에 조급해서는 안 된다. 먼저 상대의 말에 '공감' 하겠다는 마음을 가져야 한다. 문제 해결은 공감을 통해 서로의 감정과 욕구를 충분히 이해한 후에 해도 늦지 않다. 대부분의 일이 그렇지만 대화에서도 순서가 중요하다. 문제 해결보다는 공감이 먼저다.

선아는 대학 졸업 후 다른 일을 하다가 교사가 되기 위해 시험을 준비하기로 했다. 그래서 먼저 교사가 된 친구 경자에게 자문을 구하러 갔다.

> 선아 : 이제라도 교사 임용고사를 준비하려고 해. 졸업한 지 3년 만에 공부를 하려니 잘할 수 있을지 걱정 돼.
>
> 경자 : (친구의 말을 들으니 자신도 모르게 격려부터 하고 싶었다. 그래서 걱정하는 친구의 마음을 공감하지 않고 얼른 말한다.) 잘 해낼 거야. 학교 다닐 때 나보다 성적이 항상 좋았잖아. 너

보다 못한 나도 합격했는데 뭐.

선아 : (친구의 믿음에 부담감만 더 생겨 얼른 화제를 바꾼다.) 그건 그렇고 너 성경이 소식은 들었니?

경자 : …

친구의 말에 먼저 공감하며 얘기를 풀어나갈 때 대화가 어떻게 달라질 수 있는지 생각해보자.

선아 : 이제라도 교사 임용고사를 준비하려고 해. 졸업한 지 3년 만에 공부를 하려니 잘할 수 있을지 걱정 돼.

경자 : (선아는 지금 어떤 느낌일까? 공부를 안 한 지 3년이 넘어서 걱정되고 불안한 모양이네.) 오랫동안 공부 안 하다가 다시 시작하려니 걱정되는구나. 사실 임용고사가 예전 같지 않지. 경쟁률도 높고 문제도 어렵다고 하더라. 내가 뭐 도와줄 일 없니?

선아 : 그래서 말인데, 주위에 시험 경향과 공부하는 요령을 잘 아는 사람 있으면 소개해줄래?

경자 : 물론이지.

선아 : 고마워.

합리적으로 사고하기 위해 의식적으로 노력하라

인지행동 상담이론은 알버트 엘리스(Albert Ellis)의 인지·정서·행동치료와 아론 벡(Aron Beck)의 인지 치료를 중심으로 개발되고 보완 발전되어 왔다. 이 이론은 인간의 생각과 감정과 행동은 상호작용하며 보다 근본적으로는 생각이 감정과 행동의 뿌리라고 가정하고 있다. 그리고 "인간의 정서와 행동은 사고의 결과"라고 주장한다.

이 이론에 근거한 인지상담은 문제를 해결할 때 자기 마음을 어떻게 사용하는가에 초점을 맞춘다. 이러한 상담 기법이 모든 사람에게 적용되지는 않겠지만 우리의 감정을 파악하고 조절하는 데는 아주 효과적이다.

실제로 생각이 감정에 어떤 영향력을 미치는지 아래 두 가지 경우를 통해 살펴보자.

case 1. 한 청년이 여자에게 데이트 신청을 했다가 거절당했다.

생 각	감 정
여자가 나를 무시한다.	화난다.
나는 여자에게 매력적이지 않다.	슬프다. 불안하다.
여자가 나에 대해 잘 모르는 모양이다.	안타깝다.
데이트 신청 때 분위기와 장소가 적당하지 않았다.	불만스럽다.

case 2. 처음 사귈 때와는 달리 남자 친구가 전화도 자주 하지 않고 사랑한다는 말도 잘하지 않는다.

생 각	감 정
남자 친구가 나를 무시한다.	화난다.
회사 일이 바빠서 신경을 못 쓰는 것 같다.	덤덤하다.
나를 일부러 피한다.	초조하다. 심란하다.
사랑이 식었다.	괴롭다. 불안하다.

위의 예에서 보듯이 우리의 감정은 선행된 어떤 사건이 원인이 되어 나타나는 결과가 아니다. 감정은 그 사건을 해석하는 우리의 생각이다. 생각이 비합리적일 때 우리는 부적응적인 행동이나

부적절한 정서를 가질 수 있다. 이러한 비합리적 신념을 합리적인 신념이나 생각으로 바꾸어주는 과정에서 치료가 이루어진다. 이러한 상담 방법이 매우 유익하다는 것은 실제 임상 결과로 증명되어 왔다.

특히 어려운 대화를 할 때는 상대의 말에 공감하기가 매우 힘들다. 상대가 감정적으로 비난하거나 공격하듯이 잘못 표현할 경우에 그러하다. 듣는 사람에게 문제가 있는 경우에도 공감하기 힘들 수 있다. 듣는 사람의 비현실적 기대와 불합리한 추론, 그릇된 해석으로 인해 듣는 사람 자신이 상처받을 수 있다. 자신의 비합리적 생각이나 신념 때문에 상대에게 공감하기 힘들어지는 것이다. 자신의 문제로 부정적인 감정을 경험하면 다른 사람에게 관심을 베풀기 힘들다.

그러므로 바르게 경청하기 위해서는 자신과 다른 사람의 말을 동시에 들을 준비가 되어 있어야 한다. 경청할 때는 귀가 네 개 필요하다. 첫 번째는 상대의 말을 듣는 귀, 두 번째는 상대의 감정을 듣는 귀, 세 번째는 하나님의 음성을 듣는 귀, 네 번째는 자기 자신 안에서 일어나는 일을 듣는 귀다.

그런 의미에서 잘 공감하는 사람이 되기 위해서는 자신에게 있을지 모르는 비합리적인 신념과 생각을 바꾸어야 한다. 자신의 마음을 살펴보고 합리적인 생각을 가지도록 노력해야 한다. 다시 말해, 자신이 생각하는 방식을 의식적으로라도 합리적으로 바꾸면 어느 정도 자신의 감정을 조절할 수 있다. 예를 들어, "사람이 왜 그래? 왜 아무 생각 없이 행동하니"라는 말을 들었을 때 다음과 같은 방식으로 자신의 감정을 조절해보자.

자동, 습관적으로 일어나는 생각	그에 따른 감정과 행동
나를 우습게 알고 무시한다.	마음이 상한다. 그래서 방어하거나 저항한다.
자기 행동은 돌아보지 않고 내 탓만 한다.	억울하다. 화난다. 그래서 공격하게 된다.

의식적으로 생각의 방식을 바꿈	그에 따른 감정과 행동
대화법을 몰라서 그렇게 얘기하는 거야.	불쌍하다. 먼저 공감해주자. 나에게 실망했구나.
상대의 입장에서 듣고 공감해주자.	화도 났네. 상대의 입장에서 생각해보자.

아리스토텔레스는 "인간은 비탈길에 서 있다"라고 말했다. 가만히 있으면 밑으로 내려가게 마련이다. 의식적으로 노력해야 올라가거나 제자리에 서 있을 수 있다. 같은 이치다. 나의 감정보다는 먼저 상대의 마음을 읽어주는 합리적인 생각을 선택하도록 노력해야 한다.

case 1. 내 말이 맞아. 다시 말할 필요도 없어.
자동적 반응 : (아, 열받아!) 어떻게 네 말만 맞다고 하니? 내 말도 맞거든. 넌 항상 그런 식이지. (화나고 속상함)
의식적 반응 : (답답해. 저렇게 감정적으로 자기 주장을 하면 어떻해. 어쨌든 너는 그런 생각을 가지고 있구나. 나와 관점이 다른 건 이해해.) 나와는 다른 생각을 가졌구나. (안타까움)

case 2. 너 처음 같지 않아. 변했어. 요즘은 전화도 잘 안 하고.
자동적 반응 : (또 잔소리네. 이젠 지겹다.) 바쁘면 전화 못할 수도 있지. 그만한 일 가지고 그렇게 짜증을 내냐. (짜증나고 정 떨어짐)
의식적 반응 : (또 잔소리네. 하지만 애 입장에서 보면 관심을 받고 싶다는 말 같기도 해. 우리 사랑이 식었는가 걱정되나봐. 불안

하니까 자꾸 이런 말을 하는지도 몰라.) 요새 내가 전화를 잘 안 해서 화났구나. 내 마음이 변한 것 같아 걱정되니? 그렇지 않아. 걱정하게 해서 미안해! (상대에게 미안함을 느낌)

:: coaching point ::

공감적 경청의 기본 자세

❶ 서로를 이해하고자 하는 열정을 품으라. 그래야 상대를 이해하려는 노력과 훈련을 지속적으로 할 수 있다.
❷ 공감이 힘든 일이라는 사실을 인정하라. 의식적인 노력이 필요한 일이다.
❸ 의식적으로 집중해서 들으라. 습관적으로 들리는 대로 들어선 상대의 내면의 목소리를 들을 수 없다.
❹ 경청이 삶의 매우 중요한 부분임을 기억하라. 태도와 관점과 생각이 바뀌어서 보다 성숙하고 깊은 인간관계를 맺게 된다.
❺ 왜 공감적 경청을 해야 하는지 생각하라. 오해는 줄이고 이해는 높일 때 원활한 의사소통이 이루어진다.
❻ 재연과 시연을 하라. 마음속으로 대화하는 모습을 그려보며 공감적 경청을 몸에 익힌다.
❼ 문제 해결보다 공감을 먼저 하라. 가르치거나 조언하기보다는 상대의 감정과 욕구를 충분히 이해하는 일부터 해야 한다.
❽ 합리적으로 사고하기 위해 노력하라. 감정은 선행된 사건의 결과가 아니라 사건을 해석하는 우리의 생각이므로 평소에 합리적인 사고방식을 가지고 있어야 한다.

상대를 존중하면서
나를 지키는 대화법

- 비난에 대처하는 우리의 자세
- 영역의 한계를 세우라
- 거절에도 왕도가 있다

인내를 온전히 이루라 이는 너희로 온전하고 구비하여
조금도 부족함이 없게 하려 함이라. _야고보서 1:2-4

01 비난에 대처하는 우리의 자세

주위의 아주 가깝고 의미 있는 사람들에게 시간과 장소에 관계없이 비난당하는 경우가 가끔 생긴다. 비난은 자존심을 건드리기 때문에 우리는 그럴 때 본능적으로 방어하거나 역공격하게 된다. 그러다보면 대화는 의사소통보다는 다툼과 언쟁의 형태로 진행되기 쉽다. 결국 상대에 대한 원망과 분노, 스스로 느끼는 좌절감 그리고 두 사람의 얼룩진 관계만 남고 만다. 비난으로는 문제의 근본적인 원인은 물론 적절한 해결책도 찾을 수 없다. 대부분의 경우 비난은 부적절하고 부당하다. 그렇다고 모든 비난이 잘못되었다는 의미는 아니다. 원만한 의사소통을 원한다면 비난에 대한 올바른 인식과 대처 방법을 알아야 할 것이다.

먼저 인정할 수 있거나 건설적인 비평은 기꺼이 받아들일 줄 알아야 한다. 그러나 상대가 애매모호한 방식으로 인신공격을 하거나 객관성 없는 기준으로 비난하고 나설 때는 적극적으로 대응할 필요가 있다.

모든 공격에는 방어 기술이 있다. 합기도는 호신술로서 공격보다는 방어로 상대를 제압하는 아주 효과적인 운동이다. 웹문서에서 찾은 합기도의 기술에 대한 정의는 이 점을 아주 잘 설명해주고 있다.

> 선제공격을 특징으로 하는 다른 무술에 비긴다면 합기도는 유한 무술이라고 할 수 있다. 그래서 합기도는 호신 무술로서 적이 먼저 공격해오기 전에 상대의 공격을 제압하는 비폭력적 무술이다. 그러나 소극적인 방어가 아니라 적극적인 방어이기 때문에 언제나 반격의 형식으로 철저하게 적을 제압하게 된다. 외관으로는 매우 유하게 보이나 상대방은 큰 충격을 받게 된다 (http://www.knexon.net/view.html?no=1055795).

비난에 대처하는 데도 합기도처럼 적극적으로 방어를 펼치는 방법이 있다. 이 방법을 잘 활용하면 비난당할 때 살짝 피해서 자신을 보호할 수 있다. 또한 상대의 비난을 역 이용해 잘못된 비난을 누그러뜨릴 수 있다. 그래서 비난하는 사람의 옳은 관점은 인정하고 그릇된 부분은 무시하거나 정정할 수 있게 된다.

말이 별로 없고 조용하지만 성실하고 책임감이 강해 영업 실적이 뛰어난 한 청년이 있었다. 그에게는 한 가지 핸디캡이 있었는데 사시가 심하다는 것이다. 그런데 평소 그의 실적을 질투해온 한 동료가 툭하면 그가 사시라는 점을 들먹이며 놀려댔다. 특히 휴식 시간에 다른 직원들 앞에서 "지금 어디 쳐다보고 있는 겁니까?" 하며 그의 시선을 지적하곤 했다. 청년은 이런 상황에 어떻게 대처해야 할지 고민이 되었다. 동료의 말에 대꾸를 하자니 감정 싸움으로 번질 것 같고, 가만히 있다가는 다른 직원들에게 무능하게 보여 따돌림을 당할 것 같았다.

당신이라면 이런 일을 당했을 때 어떻게 하겠는가?

동료: 다른 사람과 얘기하면서 왜 자꾸 날 쳐다봐요?
청년: 본의 아니게 제 시선이 ○○ 씨에게 가 있어 불쾌하신가 봐요. (상대의 비난이 기분 나쁘기는 하지만 맞다는 사실을 인

정하고 공감함) 나도 이런 내가 속상하고 힘들어요. (자신의 느낌과 욕구를 말함) 지금 병원에서 사시 치료를 받고 있으니까 나을 때까지 불편해도 이해해줘요. (부탁함)

　당신이 비난하던 동료라면 이 말을 듣고 어떤 기분이 들겠는가? 상대를 더 비난하고 싶어지겠는가 아니면 미안한 생각이 먼저 들겠는가? 당연히 미안한 마음이 들 것이다. 앞으로는 동료를 비난하지 말아야겠다는 생각이 들지도 모르겠다.
　그 이유는 무엇인가? 우선, 청년이 비난하던 동료의 마음을 공감했기 때문이다. 사실 다른 사람들 앞에서 자신을 깎아내리기 위한 비난인데도 청년은 그것까지 공감해주었다. 또한 청년이 자신의 장애를 마음으로 수용하고 말로 인정했기 때문이다. 누구나 자신의 장애나 결점은 숨기려 하고 창피해한다. 그런데 정작 본인이 그 점을 인정하니 비난하던 사람이 할 말을 잃은 것이다.
　그렇다면 주위의 직원들은 어떤 느낌을 받았겠는가? 만약 청년이 비난을 당하면서도 말 없이 가만히 있었다면 그를 우습게 볼 수도 있었을 것이다. 누군가의 공격에 대처할 능력이 없는 사람 혹은 당하고도 두 손 놓고 있는 무능한 사람으로 인식할 수 있었다.

그런데 위와 같이 청년이 비난에 잘 대처하는 모습을 보면서 그를 달리 보게 되었을 것이다. 자신의 장애나 결점을 당당하게 인정할 줄 아는 정신적으로 건강한 청년이라고 느꼈을 것이다. 게다가 청년이 자신의 고통을 직접 털어놓자 측은하게 여기며 응원하고 싶은 마음도 들었을 것이다.

이렇듯 비난을 긍정적으로 수용하고 이에 대처할 수 있다면 우리는 비난을 통해 오히려 성숙해질 수 있다. 강준민 목사는 비난을 통해 우리가 어떻게 성숙해질 수 있는지 통찰력 있는 비유를 들고 있다.

> 우리는 격려를 통해서 자랍니다. 격려가 생수와 같다면 비난은 폭풍우와 같습니다. 생수를 많이 받으면 나무는 자랍니다. 그러나 폭풍우를 통해 나무는 뿌리를 깊이 내립니다. 비난은 우리에게 상처를 주고 고통을 줍니다. 그러나 그 고통을 통해 교훈을 얻습니다. 고통을 통해 얻은 교훈은 우리를 무르익게 합니다. 성숙하게 합니다. 요나단의 격려는 다윗에게 큰 힘이 되었습니다. 그러나 사울 왕의 집요한 괴롭힘이 다윗을 성숙한 인물로 만들었습니다(「관계의 법칙」, 강준민, 두란노, p. 211).

피뢰침처럼 통과시켜라

비난은 애초에 상대를 나쁘게 말하는 데 초점을 맞추고 있어서 들으면 불쾌하고 기분이 상하기 쉽다. 그러므로 비난이나 비판을 들을 때 듣는 사람의 마음가짐이 아주 중요하다. 비난은 듣는 사람이 통제하거나 조절할 수 있는 영역이 아니다. 우리는 전혀 예상치 못한 시간과 장소에서 비난을 당할 수 있다. 그래도 비난을 어떻게 해석할지 우리는 선택할 수 있고 이에 적절하게 반응할 수도 있다.

비난에 지혜롭게 대처하는 첫 번째 방법은 지나치게 민감하게 반응하기보다는 피뢰침처럼 통과시키는 것이다. 비난은 논쟁할수록 점점 더 커지는 이상한 속성이 있기 때문이다. 피뢰침은 낙뢰로부터 건물이나 탑을 보호하기 위해 높은 곳에 설치한 금속 막대를 말한다. 피뢰침은 구리줄이나 철사를 통해 땅 속의 구리판과 연결되어 있어서 강한 전류를 땅 속으로 흘려보낸다. 번개를 잡아서 땅 속으로 흘려보내는 피뢰침같이 상대의 비난이나 불평을 들어주되, 즉 상대의 감정을 적극적으로 수용하되 마음속에 담아 두지 않고 바로 통과시키는 것이다.

상대의 말을 내 존재 자체에 대한 얘기로 받아들이지 않는 방

법이다. '이것은 내 개인에 대한 이야기가 아니다' 라고 의식하는 것이다. 상대의 판단 혹은 비난은 사실 나에 대한 것이 아니라 상대가 자신의 욕구를 어린아이처럼 빈약하게 표현한 것이라고 생각하는 것이다. 상대의 비난과 평가에 저항감을 느끼기보다는 상대의 말 속에 담겨 있는 감정과 욕구에 주의를 기울이며 반응하는 방법이다. 상대의 입장에서 공감을 하면 그의 비난을 피뢰침처럼 통과시킬 수 있다.

case 1. 너는 항상 그 모양이니?
들은 대로 반응하기 : 내가 뭘 어쨌다고 그래. 그러는 너는?
　　　　　　　　 (혹은) 역시 나는 형편없어.
상대 입장에서 공감하기 : 뭔가 나에게 실망했구나.

case 2. 옷을 왜 그렇게 입었어?
들은 대로 반응하기 : 내 옷이 뭐가 어때서. 너나 잘 입으세요. 티셔츠라도 한 장 사주면서 그런 소리를 해라.
상대 입장에서 공감하기 : 내 옷이 마음에 안 드는 모양이구나!

case 3. 길도 잘 모르면서 운전을 하니?
들은 대로 반응하기 : 모를 수도 있지. 너는 다 아냐? 잔소리 좀 그
　　　　　　　 만해라.
상대 입장에서 공감하기 : 내가 길을 헤매서 답답하고 짜증나는구나.

공감하고 동의하라

　비난은 듣기에는 기분이 썩 좋지 않지만 그 내용은 대부분 맞는 경우가 많다. 따라서 실수하거나 잘못했을 경우 무엇보다 이를 비난하는 상대의 마음을 공감하고 인정하는 것이 먼저다. 인간이라면 누구나 실수를 한다. 그러니 혹시 실수하거나 잘못했을 때는 이를 비난하는 사람의 마음을 공감하고 인정할 줄 알아야 한다. 자신의 실수를 그대로 인정하고 받아들이는 것이다. 그렇다고 이것을 자책이나 수치심으로 발전시켜서는 안 된다. 이렇게 비난당한 사람이 자신의 잘못을 인정하고 나면 비난하던 사람은 더 이상 할 말이 없어 입을 다물게 된다.
　비난하는 사람은 경험을 통해 상대가 감정이 상한 나머지 어떤 반응을 보일지 예상한다. 그러므로 비난을 들은 후 이에 대해 변

명하거나 저항을 하면 비난하는 사람의 의도가 성공했다는 것을 확인해주는 결과밖에 되지 않는다. 그 비난이 상대에게 의미 있게 들렸고 상대의 주의를 끄는 데 성공했다는 사실이다. 즉 그의 중요성과 의의에 대해 건전하지 못한 확신을 심어주는 셈이다.

그런데 비난을 들은 사람이 오히려 비난하는 사람의 마음을 먼저 공감해주면 상대가 미안한 마음을 갖게 된다. 또 자신의 실수나 잘못을 인정해버리니 논쟁거리가 없어진다.

다음으로, 상대의 비난이나 비평을 듣고 받은 느낌을 잘 전달할 필요가 있다. 상대는 그저 비난했지만 그로 인해 내가 얼마나 고통스러웠는지 알게 되면 미안한 마음을 가질 수 있기 때문이다. 이때 상처 받은 마음으로 따지거나 공격하기보다는 자신이 느낀 점을 그대로 담담히 전해야 한다. 즉 상대를 비난하거나 비평하지 않고 자신의 감정을 '나 전달법'으로 말해야 한다. 비난하는 사람의 눈을 똑바로 바라보며 이야기하면 더 좋은 결과를 얻을 수 있다. 필요하면 요청이나 부탁을 할 수도 있다.

> **비난에 대처하는 3단계**
>
> 1단계 : 상대의 비난에 공감한다.
> 2단계 : 상대의 비난을 인정한다.
> 3단계 : 나의 느낌을 알린다. 필요하면 내가 원하는 것을 요청
>   하거나 부탁한다.

A : 너는 왜 그렇게 바보 같니.

B : (나를 무시하다니 기분 나빠. 그래도 상대의 입장에서 공감해보자.) 내가 하는 일이 마음에 안 드는구나.

A : (알기는 아네.) 일을 그런 식으로 처리해서 나와 친구들 사이가 나빠졌잖아.

B : (맞아, 내가 실수했어.) 내가 일을 잘못해서 네가 많이 난처해졌구나.

A : (공감과 인정을 받으면서 마음이 차분해짐) 그래.

B : (이제는 내가 어떻게 느꼈는지 말해야지. 바보 같다는 말은 이제 그만하면 좋겠어. 정말 듣기 싫어.) 사랑하는 사람에게 바보 같다는 말을 듣는 건 정말 충격이야. 고통스러워.

A : 미안해. 일부러 고통을 주려고 한 건 아니야. 다시는 그런 말 안 할게.

상대의 비난에 공감하기가 아주 힘들 수도 있다. 이럴 때는 3단계로 바로 넘어가서 비난을 들은 자신의 감정이 어떠한지 말하는 것만으로도 비난에 효과적으로 대처할 수 있다.

A : 너는 그런 것도 모르니.
B : (또 잔소리를 시작하네. 언제나 그칠까? 괴롭다. 그래도 먼저 공감부터 해주자.) 나에게 실망했구나.
A : 어떻게 여자의 마음을 그렇게도 모르니. 말이 그렇다는 거지 꽃을 싫어하는 여자가 어디 있다고.
B : (여자의 마음을 잘 이해하지 못하는 사실을 수용하고 인정한다.) 그래 맞아. 내가 여자의 마음을 잘 몰라. 너도 많이 답답했을 것 같아. 미안해.
A : (그래. 모를 수도 있어. 남자가 여자의 마음을 어떻게 다 알겠어. 내 기대가 너무 컸나봐.) 괜찮아. 이제라도 여자에 대해 좀 더 알았으면 좋겠어.
B : (이제는 내가 어떻게 느꼈는지 말해야지.) 그런데 네가 짜증스

럽게 말하니까 야단맞는 것 같아 기분이 좋지 않더라. '나 전달법'으로 말하면 좋았을 텐데.

A : '나 전달법'이 뭐야?

B : 자신을 주어로 놓고 말하는 방법이야. "내 마음을 몰라줘서 섭섭하고 실망했어" 식으로 말했다면 더 좋았을 것 같아.

B : 너 어제 모임에서 무진장 수다 떨더라.

A : (무슨 수다를 떨었다고. 그냥 얘기 좀 한 것 가지고 기분 나쁘게 말하네. 그래도 왜 이런 말을 하는지 공감부터 해보자.) 내가 말을 많이 해서 창피했던 모양이네.

B : 네 얘기만 늘어놓으니까 친구들이 싫어하잖아.

A : 어제 내가 말이 많긴 많았지. 친구들이 싫어해서 너도 힘들었던 모양이구나. (인정함)

B : 그래, 다른 사람을 배려하면서 말하면 더 좋을 것 같아.

A : 그렇게 하도록 노력할게.

상대의 비난에 완전히 동의할 수만은 없을 때

상대의 비난이나 비평에 완전히 동의할 수만은 없는 경우가 몇 가지 있다. 첫째, 상대의 말에 일부만 동의할 수 있는 경우다. 이때는 상대의 지적 중에서 정확하지 않은 부분을 정정해서 그의 의견에 동의해주면 된다. 필요하다면 상대의 마음을 이해한다는 말을 하거나 자신의 느낌을 얘기하면 된다. 그러면 더 이상 소모적인 논쟁에 휘말리지 않고 비난을 피할 수 있다.

A : 너는 만날 늦니?
B : (오래 기다려서 힘들었구나. 그런데 만날 늦는 건 아닌데.) 그래, 내가 가끔 늦지? 오늘도 늦어서 기다리기 힘들었구나!

A : 너는 왜 항상 넥타이도 제대로 못 매고 다니니.
B : (넥타이를 제대로 못 매고 다니는 게 불만이구나. 하지만 항상 그런 건 아닌데.) 내가 가끔 넥타이를 제대로 못 매고 다니는 게 불만이구나.

둘째, 상대가 확실한 근거 없이 단정적으로 비난하는 경우다.

이때는 상대의 비난에 있는 약간의 가능성에 동의하며 자신의 의견을 얘기한다.

A : 너 지금 나와 헤어지면 평생 두고두고 후회할 거야.
B : (그럴 가능성에 동의하고 자신의 느낌을 말한다.) 네 말처럼 후회할 수 있어. 하지만 지금 너무 괴로워서 차라리 헤어지고 싶어.

A : 그런다고 뭐가 더 나아질 것 같니?
B : (먼저 상대의 말을 공감하고 그럴 가능성에 동의한다.) 내가 지금 애쓰는 모습이 탐탁치 않구나. 네 말대로 이런다고 더 나아질 게 없을지 몰라. 하지만 나는 이렇게라도 하고 싶어.

셋째, 상대가 입증되지 않는 가정 하에 비난하는 경우다. 이럴 때는 입증되지 않은 가정이라고 할지라도 그 논리에 따라 상대의 말을 인정하고 동의해준다.

A : 왜 이렇게 꾸물대. 그러다가 한밤중에나 도착하겠다.
B : (상대의 말을 공감하고 그 논리의 가능성을 인정한다.) 내가 꾸물

대서 답답하고 짜증나는 모양이구나. 맞아, 더 꾸물대다간 정말 많이 늦겠다.

명료화 하라

상대의 말이 인격적으로 상처를 주거나 주관적인 비평일 경우에는 그 부당성을 알려줄 필요가 있다. 이런 경우에는 유능한 탐정처럼 내게 상처를 주는 그 말이 무슨 뜻인지 질문하고 확인하는 방법을 사용할 수 있다. 계속 질문하면서 상대의 주관적이고 부적절한 의도가 드러나도록 하는 것이다. 이 과정에서 서로가 문제를 명확히 직시하게 되고, 부당하게 공격하는 상대의 마음속에 있는 수치심이 드러나게 된다. 그리고 '그저 비난하고자 했던 상대의 시도'가 흐지부지해진다.

단, 상대가 자신도 모르게 잘못된 표현으로 비난하거나 잔소리하는 경우에는 질문으로 문제를 명료화 하는 방법은 쓰지 않는 게 좋다. 이 방법은 비난하는 사람을 무력하게 만들어 역으로 그에게 상처를 입힐 수 있기 때문이다. 그러다 상대와의 관계가 더 소원해지고 악화될 수 있다. 이 방법은 정말 악의적이고 상습적으로 비난하는 사람들에게 제한적으로 사용하는 게 바람직하다.

A : 이 차 네 거니? 이런 똥차를 아직도 몰고 다니다니. 창피해서 같이 못 다니겠다.
B : 뭘 보고 이 차가 똥차라는 거야?
A : 구형이잖아. 성능도 떨어질 거고.
B : 지금까지 잘 사용했고 성능도 떨어지지 않아.
A : 그래도 구닥다리니까 승차감이 떨어지겠지!
B : 승차감이 떨어지는 것과 창피해서 나와 못 다니는 것은 무슨 관계가 있는데?

A : 너 눈이 삐었니. 그걸 옷이라고 샀어?
B : 눈이 어떻게 되는 게 삐는 건데?
A : 옷을 잘못 골랐다는 말이야.
B : 무슨 기준으로 옷을 잘못 골랐다는 거야?
A : …

A : 어떻게 그렇게 할 수 있어. 정말 제 정신이 아니네.
B : 제 정신이 아니라는 게 무슨 뜻이야?

A : 온전한 정신이라면 그렇게 할 수 없다는 말이야.
B : 내가 돌았다는 말이니?
A : 아니. 그런 말이 아니고….

행동을 비난하는가, 존재를 비난하는가

상대의 비난을 잘못 이해하면 자책하거나 수치심 혹은 열등감을 갖게 될 수 있다. 자존감도 낮아지고 대인관계에 어려움을 느끼게 된다. 그러므로 평소 인간이라는 존재 자체에 깊은 사랑과 이해를 가지고 있어야 한다. 신이 아닌 이상 누구나 실수를 하거나 잘못된 행동을 할 수 있다. 그래서 누군가 나를 비난하거나 잘못을 지적할 수 있다.

문제는 상대가 올바른 방법으로 비난하지 못할 때 일어난다. 잘못하거나 실수한 말과 행동, 태도는 비난받을 수 있지만 우리의 존재 자체는 비난받거나 공격당해서는 안 된다. 아래의 두 비난이 어떻게 다른지 살펴보자.

case 1. 싸우는 건 나빠!

싸우는 행동을 비난하는 말이므로 수용할 수 있다.

case 2. 싸우는 너는 나쁜 놈이야.

나를 나쁜 존재로 규정하는 말이다. 이 논리대로라면 나는 좋은 일을 할 수 없는 존재라는 뜻이므로 수용하기 곤란하다.

사실 상대보다 더 나을 게 없는 처지에서 상대의 존재에 대해 판단하고 비난하면 그 사람 역시 적어도 상대만큼이나 나쁜 사람이 되어버릴 수 있다. 행동을 평가하는 것은 중요하고 필요한 일이지만 '존재에 대한 평가'와는 구분지어야 한다. 죄의식은 '자신이 한 행동'에 대해 나쁜 기분을 갖는 것인 반면, 수치심은 '자신'에 대해 나쁜 기분을 갖는 것이다.

사람은 자신의 행동이 아닌 존재 자체에 대해 비난을 받거나 공격 당하면 수치심과 죄의식을 동시에 느끼게 된다. 그러면 자기 자신이 싫어지고 자기비하에 빠지기 쉽다.

자녀가 거짓말한 사실을 엄마가 알고 아이를 나무란다.

엄마 : 너는 거짓말쟁이야. (존재에 대한 비난)

자녀 : 엄마를 속이는 게 아니었어요. 맞아요. 난 정말 형편없는 놈인가봐요. (수치심, 죄책감)

엄마 : 엄마를 속일 생각이었어? 선의의 거짓말도 나쁜 거야. (거짓말한 것에 대한 비난)

자녀 : 맞아요. 거짓말은 하지 말아야 했어요. 제게 실망하셨죠? 앞으로 제 말이라면 아예 안 믿어주시는 건 아니겠죠? (잘못을 뉘우침, 미래의 관계에 대해 걱정함)

    자녀가 거짓말한 것에 대한 엄마의 비난은 걱정 정도로 받아들일 수 있다. 하지만 아예 자녀를 거짓말쟁이로 몰며 존재 자체에 대해 비난하는 경우 자녀는 수치심과 죄책감, 열등감을 느낄 수 있다.

    누군가로부터 비난을 들을 때 그것이 나의 행동을 비난하는 것인지 나라는 존재의 가치를 폄하하는 것인지 구별해서 들을 수 있는 지혜가 있어야 한다. 그래야 설령 상대가 나의 존재 자체를 비난하는 잘못을 하더라도 나 자신이 존귀한 존재라는 것에 대한 믿음을 잃지 않을 수 있다.

    우리는 말할 수 없이 가치 있고 귀한 존재다. 성경 창세기를 보면 하나님이 태초에 천지를 창조하시고 창조된 모든 것과 인간을 보면서 "보시기에 심히 좋았더라"(창 1:31)고 말씀하셨다. 우리 인간은 하나님이 창조하신 후에 보면서 심히 좋아하실 만큼 가치 있는 존재다. 성경은 또한 하나님이 인간을 창조하실 때 "우리의 형상을 따라 우리의 모양대로 우리가 사람을 만들자"고 하셨으며 "하나님이 자기 형상 곧 하나님의 형상대로 사람을 창조하시되 남자와 여자를 창조하셨다"(창 1:26-27)라고 기록하고 있다. 우리가 하나님의 형상, 즉 하나님의 속성을 지닌 존귀한 존재라는 사실을 알려주는 말씀이다.

아담과 하와의 죄로 인류가 타락한 후에도 하나님은 사람들을 저버리지 않고 구세주를 약속하셨다. 인간의 죄를 대신해 예수님을 십자가에서 죽게 하신 것이다.

> 하나님이 세상을 이처럼 사랑하사 독생자를 주셨으니 이는 그를 믿는 자마다 멸망하지 않고 영생을 얻게 하려 하심이라(요 3:16).

하나님이 당신의 아들을 내주실 정도로 사랑하는 존재라는 이유만으로 우리는 누구에게나 무조건적 사랑을 받을 권리가 있다.

우리의 '존재'는 개인 한 명만 따로 떼어 정의할 수 없다. 다른 사람과의 관계에서도 그 가치를 인정받는다. 예를 들어 나는 아내에게 '사랑하는 남편'으로 존재한다. 두 자녀에게는 '믿음직한 아버지'로, 부모에게는 '소중한 자녀'로, 청년들에게는 '좋은 강사'로, 독자들에게는 '작가'로 존재한다. 이렇듯 주변 사람들에게 매우 가치 있고 존귀한 존재로서 자리매김 되는 자신의 가치를 인식해야 한다.

  이러한 인식을 바탕으로 인간이라는 존재에 대해 깊은 사랑과 이해를 가지고 있으면 상대의 비난에 의연하게 대처할 수 있다. 설령 상대가 잘못 비난하더라도 거를 것은 스스로 걸러내 수치심을 느끼거나 열등감에 빠지지 않을 수 있다. 자신의 잘못이나 실수를 인정하고 수용할 수 있다. 나아가 상대가 왜 감정적으로 나를 비난하고 공격하는지 알기 위해 비난 뒤에 숨어 있는 상대의 감정과 욕구에 귀를 기울일 수 있다.

:: coaching point ::

비난에 대처하는 우리의 자세

① **피뢰침처럼 통과시켜라.** 비난은 논쟁할수록 더 커지는 이상한 속성이 있다. 상대의 감정을 적극적으로 수용하되 마음에 담아두지 말고 통과시켜라.
② **공감하고 동의하라.** 자신의 실수를 인정하고 받아들이는 것이다.
③ **명료화 하라.** 상대가 인격을 모독하거나 주관적인 비평을 할 경우 질문으로 상대의 부적절한 의도를 드러내는 것이다. 단 악의적, 습관적 비난을 하는 사람에게만 제한적으로 사용할 것!
④ **존재에 대해 비난하는 말은 스스로 걸러내라.** 상대의 비난이 잘못된 행동에 대한 것인지 존재의 가치를 깎아내리는 것인지 구별해서 들어라. 그래야 하나님의 자녀로서 자신의 존엄성에 대한 믿음을 잃지 않을 수 있다.

02 영역의 한계를 세우라

연인들 사이에 영역의 한계를 정하고 거절하는 일은 어렵다. 상대의 부탁이나 요구를 거절하고 경계를 세우면 왠지 마음이 편치 않다. 그렇다고 무조건 부탁을 들어준다고 해서 마음이 편해지는 것도 아니다. 오히려 시간은 시간대로 들고 몸은 몸대로 힘들어지면서 더 언짢아질 수 있다. 경우에 따라 물질적으로 손해를 보기도 한다. 머리로는 "안 돼"라고 외치면서 입으로는 "그래"라고 말한 것을 후회하게 된다.

그럼에도 매사에 영역의 경계를 세우기가 어려운 이유는 무엇인가? 단호하게 영역 세우기를 하면 좋은 관계에 금이 갈지도 모른다는 심리적 부담감 때문일 것이다. 이러한 부담감을 극복하려면 자신과 상대의 심리에 대한 깊은 이해가 있어야 한다. 나아가 상호 이해를 바탕으로 차원 높은 경계 설정과 거절의 지혜를 배워야 한다.

여기부턴 내 영역, 노크하고 들어오시오!

우리에게는 육체적인 영역 외에 눈에 보이지 않는 여러 종류의 개인 영역들이 있다. 정서, 취미, 기호, 가치관, 시간 등에 해당하는 이런 영역들은 다른 사람들의 눈에는 보이지 않는다. 그래서 누군가가 허락 없이 이러한 고유 영역 안에 들어오면 아프고 고통스럽다. 그래서 피하거나 자신을 방어하게 된다. 때로는 반격하게 되기도 한다.

육체적인 영역을 보호하는 일에 우리는 어려움을 별로 느끼지 않는다. 눈에 보이는 영역이기 때문에 누군가 침범하는 즉시 방어할 수 있는 법적 정당성과 도의적 명분을 분명히 갖기 때문이다. 이와는 달리 보이지 않는 영역을 보호하는 일에는 어려움을 느낀다. 심리적으로 부담감을 느끼기 때문이다. 이런 영역은 상대가 모르고 들어오는 일이 종종 있기에 어느 정도 면죄부를 줄

여지가 있다. 게다가 일일이 자기 영역의 한계를 세우는 것을 이기적인 것으로 생각하는 경향도 있다. 또한 내가 좀 아프고 불편해도 상대를 위해 참고 견디는 것이 사랑이고 배려라고 일반적으로 생각한다.

한번은 내게 상담을 청해온 한 자매의 얘기를 들으며 이 문제에 대해 생각해보자.

> 유치부 때부터 지금까지 20년간 같은 교회를 다니며 친구로 지내던 형제와 최근에 정식으로 교제하고 있어요. 오랫동안 친구로 지내왔기 때문에 그 형제를 잘 안다고 생각했는데 막상 교제를 시작하자 생각지 못한 어려움들이 많은 것 같아요. 교회 안에서 사귀는 것이라 다른 사람들의 눈 때문에 싸움도 제대로 할 수 없어요. 자칫 관계가 틀어져 상처 입고 헤어지는 게 두려워요. 앞으로도 계속 봐야 하니까요.
> 그래서 좋은 관계를 유지하기 위해 항상 제 편에서 조심했어요. 제가 참는 것이 가장 현명한 방법이라고 생각했지요. 형제가 화를 내거나 싫은 말이나 행동을 해도 이해하려고 노력했어요. 아파도 아프지 않은 척, 힘들어도 힘들지 않은 척 했어요.
> 제 딴에는 형제를 이해하느라 그렇게 한 것인데 형제는 그런 제

모습이 오히려 부담스럽대요. 형제를 만날 때마다 제 편에서 참는 게 많다보니 저 역시 언제부턴가 형제를 만나는 것이 부담되고 같이 있을 때도 긴장돼요. 그래선지 별일 아닌 것으로 자주 싸우게 돼요. 친구로 지낼 때는 그냥 넘어갈 수 있었던 일이 이젠 문제가 되는 거예요.

이런 식이라면 앞으로 계속 교제할지 말지 진지하게 생각해봐야 할 것 같아요. 각자 생각할 시간을 갖기 위해 당분간 떨어져 있는 게 좋지 않을까요?

이 얘기를 하고 있는 자매는 '착하고 좋은 여자'의 전형적인 모습을 보이고 있다. 남자 친구의 말과 행동이 싫고 그 때문에 자신이 불편하더라도 참는 게 두 사람의 관계를 잘 유지하는 방법이라고 생각했다. 그럼에도 결국 두 사람의 관계는 힘들어졌다.

그 이유는 무엇인가? 그것은 자매가 남자 친구에게 자신의 영역을 알려주지 않아서다. 무엇이 싫은지, 어떤 점은 수용할 수 없는지 상대에게 알리지 않은 것이다. 개인의 영역을 표현하지 않으면 상대는 자신이 그 영역을 침범했다는 사실을 모른다. 모르기 때문에 같은 실수를 반복하게 된다. 오히려 형제는 왜 자매가 이유 없이 힘들어하고 짜증내는지 의아하게 생각한다. '괜히 삐

치고 토라지는' 여자 친구를 이해하지 못한다.

한편 자매는 자매대로 자기 마음을 몰라주는 남자 친구 때문에 우울해지고 화가 났다. 이렇게 상대의 마음을 미루어 추측하다보면 서로 지치고 점점 멀어지게 마련이다. 오해가 쌓이면서 관계에 금이 가는 것이다. 서로가 자기 영역의 한계를 알려주지 않아서 일어난 일들이다.

그런 걸 꼭 말로 해야 아느냐고?

자기 영역의 한계 안에 누군가가 들어오면 아프다는 사실을 그에게 알려야 한다. 그는 자신의 경험과 생각에 비추어 상대가 '이렇게 느끼겠지? 혹은 '저렇게 생각하겠지?' 라고 추측할 뿐이다. 영역을 침범당한 사람이 직접 알려주지 않으면 그는 정확히 어떤 상황인지 알 수 없을 뿐더러 잘못 생각할 수 있다. 자신의 경계를 다른 사람에게 알리는 일은 오직 본인만이 할 수 있으며 본인의 책임이다.

세상 어느 누구도 다른 사람의 마음을 속속들이 들여다보거나 알지 못한다. 자신을 사랑한다면 자신의 감정과 욕구를 상대에게 말하고 필요한 경우 부탁도 할 줄 알아야 한다. 그래야 내가 '어떻게 고통 받는지', '무엇을 원하는지' 상대가 이해할 수 있다.

영역을 세운다는 것은 내가 누구인지, 내 영역은 어디까지인지, 어느 정도 상대를 수용할 수 있는지 그 한계를 알린다는 뜻이다. 자신의 현실과 존재하는 모습 그대로를 보여주는 것이다. 이런 의미에서 영역 세우기는 자신의 존재 방식을 알리는 아주 중요한 일이라고 할 수 있다.

여자의 정서적 욕구에 민감하지 못하거나 별 계획 없이 여자 친구를 만나는 남자의 경우를 살펴보자. 이럴 때 여자 친구가 영역의 한계를 잘 세워 상황에 능동적으로 대처한다면 그 매력이 한층 돋보일 것이다.

case 1. 둘이서 저녁식사 하러 갈 때

영역 세우기를 못하는 경우

남자 : 뭐 먹을래?

여자 : (당황해하면서) 아무거나. 너 좋은 대로 결정해.

남자 : 우리 순대국 먹자. 출출할 땐 최고야.

여자 : 그, 그래. (아~ 나 순대 못 먹는데….)

(순대국 집에 도착한 후)

남자 : 왜 잘 안 먹어? 맛없어? 이 집 순대국 맛있기로 소문 났는데. 어서 먹어.

여자 : 응, 그래. (네 입맛에나 맞지. 내가 뭘 좋아하는지도 모르면서.)

남자 : 너 순대국 별로구나.

여자 : …

남자 : … (내가 뭘 잘못했지?!?)

영역 세우기를 잘하는 경우

남자 : 뭐 먹을래?

여자 : 어떤 게 있는데?

남자 : 글쎄. 몇 군데 아는 음식점이 있기는 한데.

여자 : 나는 음식을 가리는 편은 아니지만 순대나 곱창 같은 건 못 먹어.

남자 : 그래? 나는 순대가 좋은데. 할 수 없지. 그럼 둘러보면서 둘 다 좋아하는 걸로 고르자.

여자 : 그게 좋겠어. 그런데 여자들은 미리 맛있는 음식점 알아놓고 어떤 음식을 좋아하는지 물어보는 센스 있는 남자를 좋아하는 거 아니?

남자 : 알았어. 다음에는 미리 알아놓을게. 평소에 뭐 먹고 싶은지 미리 얘기해줘.

여자 : 그거야 어렵지 않지.

남자 : 고마워. (얘랑 같이 있으면 왠지 마음이 편해).

case 2. 둘이 영화 보러 갈 때

영역 세우기를 못 하는 경우

남자 : 어떤 영화 볼까?

여자 : (당황해하면서) 아무거나 네가 골라.

남자 : 이 액션 영화 보자.

여자 : 그, 그래. (난 사실 멜로 영화가 좋은데….)

(영화를 보고 나온 후)

남자 : 정말 끝내준다. 너도 재미있었지?

여자 : 너 이런 거 좋아하는구나. (나는 얼마나 지겨웠는지 아니?)

남자 : 재미없었어?

여자 : 그걸 꼭 말로 해야 아니?

남자 : … (내가 뭘 잘못했지?!?)

영역 세우기를 잘하는 경우

남자 : 어떤 영화 볼까?

여자 : 글쎄. 나는 멜로 영화가 좋더라.

남자 : 나는 멜로 영화 별로인데.

여자 : 이번에는 멜로 영화 보고 다음에 네가 좋아하는 액션 영화 보자.

남자 : 아니, 액션 영화 먼저 보자.

여자 : 남자가 먼저 양보하는 게 신사다운 행동 아닌가?

> 남자 : 그래. 오늘은 자기가 보고 싶은 영화 보자.
> 여자 : 고마워.
> 남자 : 고맙긴. (얘랑 같이 있으면 왠지 마음이 편해.)

연인들이 데이트 도중에 "그런 걸 꼭 말로 해야 알아?"라고 말하며 다투는 모습을 종종 본다. 하지만 말해야 알 수 있다. 말하지 않아도 상대의 마음을 정확히 읽고 원하는 것을 채워줄 사람은 세상에 없다. 그런데도 상대가 나의 필요를 알아서 채워주겠지 하고 기대만 하며 마음을 표현하지 않으면 갈등이 생기고 끝내 다툼이 일어날 것이다.

서로의 개인 영역이 충돌할 때는 대화하며 양보하거나 그 한계를 조절해야 한다. 이런 과정을 통해 서로를 존중하면서 갈등을 해소하고 원만한 관계를 만들어나가는 것이다. 그래서 개인 영역에 대한 정보를 알린다는 것은 "당신을 독립된 인격체로 인정한다"는 뜻이기도 하다. "내가 알려준 정보로 어떻게 할지 선택할 권리가 당신에게 있음을 존중한다." 혹은 "당신이 내 영역 안에 들어와 내가 힘들다. 당신이 나의 괴로움을 헤아리고 조절할 수 있는 성숙한 사람임을 믿는다. 그러니 도와달라"고 말하는 것이다.

사실 영역을 세우는 일은 자신의 존재 방식을 상대에게 알리는 일일 뿐 상대를 일방적으로 변화시키려는 시도가 아니다. 상대를 지배적으로 통제하고 바꾸려는 게 목적이 아니다.

실제로 영역을 세우지 않으면 나중에 더 큰 문제가 생길 수 있다. 싫은 일을 싫다고 말하지 못하거나 힘들고 불편한 일을 참고 견디다가 엉뚱한 곳에서 감정이 터질 수 있는 것이다. 여자 친구를 따라 억지로 쇼핑을 다니는 남자 친구의 심정은 어떻겠는가? 그런 식으로 계속 데이트하는 게 과연 행복하고 기분 좋겠는가? 자기 마음을 몰라주는 상대에게 원망이 생길 수 있고 이후로는 다른 핑계를 대며 그런 데이트를 피하려고 할 것이다. 결과적으로 둘의 관계가 힘들어진다.

남자 친구를 따라 관심 없는 록 콘서트에 아무 말 못하고 따라간 여자 친구는 공연을 즐기기 어려울 것이다. 나중에야 여자 친구가 공연 내내 힘들고 불편했다는 사실을 알면 남자도 속상할 것이다. '괜히 시간 들이고 돈 들여서 쓸데없는 일을 했구나' 하는 생각에 화도 날 것이다.

애초에 영역을 잘 세워 놓지 않으면 관계를 해칠 수 있다. 한편 미리 자신의 영역을 잘 세워 놓으면 원만한 관계를 유지하며 서로 성장하고 변화할 수 있다. 자기 영역 세우기를 잘하는 사람과 처음 만날 때는 왠지 까칠하고 이기적이라는 생각이 들지 모른다. 하지만 시간이 흐를수록 상대를 정확하게 이해할 수 있게 되어 오히려 신뢰감이 생긴다. 좋고 싫음이 분명하니 원하는 것을 정확하게 알고 배려해줄 수 있다. 이러한 이해와 신뢰, 배려 등을 통해 친밀감과 진정한 사랑이 형성된다.

영역 알리기는 본인의 책임!

민재는 스포츠를 좋아한다. 그중에서도 특히 야구를 좋아한다. 하지만 여자 친구 현주는 스트라이크와 볼도 구별 못할 정도로 야구에 문외한이고 사람들이 왜 그런 '공놀이'를 좋아하는지 전혀 이해하지 못한다. 민재를 따라 몇 번 경기장에 관람을 하러 갔지만 도무지 흥미를 느끼지 못했다.

그런데 어느 날 민재는 현주와의 특별한 데이트를 위해 코리안 시리즈 결승전 관람권 두 장을 어렵게 구했다. 그리고 현주에게 자랑스럽게 내밀며 함께 가자고 했다.

현주는 당황스러웠지만 '남자 친구가 원하는 일인데 이 정도도 못 해주랴' 라는 생각에 따라 나서기로 했다. 현주는 자기가 야구를 싫어하는 것을 민재가 알아주기를 바랐다. 또 '싫지만 그를 위해 가주는' 배려에 고마워하기를 바랐다. 그래서 약속 장소에 나간 후에도 바쁜 시간을 쪼개서 온 것임을 누누이 강조했다. 역시 경기는 눈에 들어오지 않았다. 경기 내내 MP3로 음악을 듣다가 틈만 나면 자리를 비웠다.

한편 민재도 현주와 야구장에 갈 때마다 이런 일이 반복되자 기운 빠지고 짜증이 났다. 민재는 여자 친구와의 즐거운 만남을 위해 시간과 돈, 사랑하는 마음 등 많은 것을 투자했다. 현주 역시 남자 친구를 위해 경기장에 가주는 '희생'을 치렀다. 그런데 결과가 어떻게 되었는가? 두 사람은 더욱 친밀해지기는커녕 갈등만 깊어졌다. 그 주된 원인은 현주가 자기 영역의 한계를 상대에게 알리는 책임을 다하지 않은 데 있다. 자신이 야구를 싫어한다는 사실을 남자 친구에게 정확히 말했어야 했다.

다음과 같이 서로의 경계를 알렸더라면 불필요한 갈등을 피할 수 있었을 것이다.

민재: 코리안 시리즈 야구 결승전 티켓을 구했어! 니랑 보려고 구한 거야. 같이 가자.

현주 : 참, 너 야구 좋아했지. 그런데 티켓을 어떻게 구했어? 정말 대단하다. (상대의 마음을 이해해줌)

민재 : 운이 좋았어.

현주 : 나를 위해 많이 애써줘서 고마워. 그런데 나는 야구에 흥미가 없어서 가고 싶지 않아. (상대의 성의에 감사하면서 자신의 영역을 알림)

민재 : 왜 싫은데?

현주 : 특별한 이유는 없어. 야구 규칙도 모르고 흥미도 없어.

민재 : 그럼 어떡하지? 이번 이벤트만큼은 좋아할 줄 알았는데. 내가 야구 규칙을 잘 설명해줄 테니 함께 가자. 처음부터 야구 좋아하는 사람이 어딨어? 알고 보면 흥미도 생길 거야. 이거 정말 어렵게 구한 티켓이고 중요한 경기여서 누구보다 너와 함께 가고 싶어.

현주 : 그럼 갈게. 대신에 재미있게 설명해줘야 해. 알았지?

민재 : 당연하지. 같이 가주기만 한다면 내가 아주 잘 알려줄게. 고마워.

현주 : 나도 한번 야구에 흥미를 가지려고 노력해볼게. 그래도 싫으면 다음부터는 경기장에 안 가도 되지? 약속해줘. (영역의 한계를 세움)

민재 : **약속해.** (야구를 싫어하면서도 나를 위해 가준다니 역시 속 깊은 친구야.)

민재는 야구장에 함께 가주는 여자 친구의 배려와 희생에 감사하며 사랑을 확인한다. 현주는 자신이 무엇을 싫어하고 원하는지 남자 친구에게 정확히 알려주어 자신의 영역을 보호할 수 있게 되었다. 덕분에 둘은 다음부터는 이 문제로 갈등하지 않고 자유로움을 얻게 되었다.

누구나 관계 속에서 자기 영역의 한계를 상대에게 알려주어야 한다. 상대는 그러한 영역의 한계를 모르기 때문에 그것을 알려주는 일은 자신의 책임이다. 영역의 한계를 세우고 알리지 않으면 상대에게 계속 침범당할 수밖에 없다.

영역 세우기, 처음엔 껄끄러워도 나중엔 만족!

지방으로 전출간 남자 친구가 서울에 출장 올 때마다 느닷없이 전화해서 만나자고 졸라대요. 때로는 주말에 불쑥 올라와서 주일에 하루종일 자기 하고만 있기를 강요해요. 특별한 일이 없다면 당연히 만나겠지만 저도 나름대로 생활이 있고 계획이 있어요. 저녁마다 운동도 해야 하고요. 목요일 저녁은 제자훈련, 금요일 저녁은 기도회, 주일에는 청년부 임원으로서 해야 할 일이 있어요. 그런데 갑자기 나타나서 아무 일도 하지 말고 자기하고만 있자고 강요하면 정말 난처해요.

이 경우처럼 친구가 미리 아무 말도 없이 불쑥 나타나 만나자고 하면 당황스러울 때가 있다. 상대는 그 속사정을 아는지 모르는지 계속 자기가 원하는 시간에 만나자고 '거절할 수 없도록' 강요하기도 한다. "자기를 만나기 위해 일부러 서울에 온 건데 왜 퉁겨? 원래 계획은 바꾸면 되잖아. 사랑하는 사이에 그 정도는 해야 하는 거 아냐?" 결국 여자는 남자 친구의 요청을 거절할 수 없어 다른 선약을 깨고 만다. 하지만 이런 일이 반복되다보면 주위의 다른 친구들이나 자신이 속한 그룹의 구성원들에게 신용을 잃기 쉽다. 또 매일 하던 운동도 한번 거르기 시작하면 생활의 리듬이 깨져버린다.

물론 사랑하는 사람을 위해 이 정도는 희생해도 괜찮다고 생각할지 모른다. 그래서 관계가 멀어지지 않도록 최선을 다해 상대를 즐겁게 해주려고 노력할 수 있다. 그런데 그럴수록 상대의 강요가 정도를 더해 가고 관계가 점점 힘들어진다면 어떡하겠는가?

행동에는 결과가 따르게 마련이다. 우리가 정겹고 책임감 있게 행동할 때 상대는 친밀하게 다가온다. 무정하고 무책임하게 행동하면 멀어진다. 감정의 문을 닫거나 피하거나 점차 관계를 정리하고 싶어질 것이다.

위의 예화에서 남자 친구는 자기 입장과 여건만 내세우며 '자기중심적 생각'으로 일관하고 있다. 무조건 자기 계획을 따르라고 강요한다. 게다가 둘 사이에 일어나는 불협화음의 책임을 오히려 여자에게 전가하고 있다.

이러한 경우에 여자는 자기 영역의 한계를 알리고 남자 친구에게 어떤 책임이 있는지 인식시켜주어야 한다. 갑자기 나타나 시간을 함께 보내자고 하는 것은 부탁에 해당한다. 그 부탁을 받아들일지 말지 결정하는 것은 여자의 권리다. 그런데 남자는 부탁을 들어주는 게 여자의 당연한 의무인 것처럼 말하고 행동한다. 다시 말하면 자신의 문제(갑자기 나타나 시간을 함께 보내자는 요청)를 자신의 책임으로 받아들이지 않고 상대에게 전가한다. 그러므로 문제 있는 사람(남자)에게 그의 행동으로 인해 자신이 어떻게 고통받고 있는지 알리고(남자 친구가 자신의 영역을 어떻게 침범했는지 알리기) 그런 행동을 제한하는 방법(스스로 책임지게 하는 방법)을 강구해야 한다. 예를 들어, 여자는 아래와 같이 얘기하면서 자기 고유의 영역을 세울 수 있다.

> 자기랑 함께하는 시간이 좋아. 그동안 보고 싶기도 했고. 하지만 이렇게 불쑥 나타나서 같이 있자고 할 때 선약이 있으면 당황스러워. (상대의 행동을 자신이 어떻게 느끼는지 말함) 서울로 출장 올 때 가능하면 미리 알려주면 좋겠어. 그래야 다른 약속을 잡지 않지. 안 그러면 만나고 싶어도 자기를 못 만날 수 있어. (영역의 한계를 세움) 이해해줘.

남자는 '설마 그렇게까지 할까' 하고 대수롭지 않게 생각하다가 여자 친구가 실제로 영역을 세운 대로 행동하면 서운해할 수 있다. 어느 날 미리 알려주지 않고 출장 와서 만나자고 했는데 여자 친구가 선약이 있다며 만나주지 않는 것이다. 남자는 자기 책임(상대를 배려해 미리 연락해야 하는 의무)을 등한시한 결과 외로움, 허전함, 당황스러움 등을 맛보게 된다.

하지만 진정한 효과는 좀 더 나중에 나타날 것이다. 처음에는 여자 친구를 원망하는 마음이 들겠지만 차츰 여자 친구와 만나기 위해서는 미리 연락을 해야겠다는 의식을 갖게 되는 것이다. 자기 행동에 책임을 지게 된다. 덕분에 여자는 갑자기 나타난 남자 친구를 만나느라 자신의 생활 리듬을 깨뜨리지 않게 일정을 미리 조절할 수 있고 주변 사람들과의 약속도 지킬 수 있게 된다.

갈등이나 문제를 올바로 해결하기 위해서는 서로가 그 문제를 인식해야 한다. 상대가 모르거나 잘못 인식한 문제가 무엇인지 알려주어서 스스로 책임지도록 해야 한다. 그러지 않는 한 문제나 갈등은 해결되지 않는다.

상대가 내 영역을 습관적으로 침범하는 경우

회사 업무 때문에 가끔 본의 아니게 여자 친구와 약속한 시간에 늦을 때가 있어요. 그러면 여자 친구는 자기 입장만 생각하며 화를 내거나 삐쳐 있어요. 처음에는 어떻게든 화를 풀어주려고 싹싹 빌고 애교도 부렸어요. 선물도 주면서 즐겁게 해주려고 노력했죠. 그런데 날이 갈수록 여자 친구의 화풀이가 심해지면서 '해도 해도 너무한다' 는 생각이 들더군요. 관계가 점점 힘들어지고 있어요.

위의 경우처럼 화를 내거나 삐치는 행동을 내버려두면 상대는 이런 행동을 습관적으로 계속하게 된다. 따라서 관계가 점점 힘들어진다. 이럴 때는 자신의 마음을 잘 표현하고 영역의 한계를 세워야 한다. 그리고 그 말대로 행동해야 한다.

일부러 늦은 것도 아니고 늦지 않으려고 최선을 다해 달려왔는데 이렇게 자꾸 삐치면 나도 마음이 상하거든. 내 잘못만이라고도 할 수 없는데 죄책감이 생겨서 데이트하는 동안 기분이 엉망이야. (감정 표현) 내 입장과 느낌도 배려해주면 좋겠어. (요청) 앞으로도 이런 식으로 계속 화내거나 삐쳐 있으면 데이트 안 하고 집에 가겠어. (영역의 한계를 세움)

이렇게 개인 영역을 분명히 알려주었는데도 상대가 습관적으로 화를 내거나 삐치면 실제로 데이트를 그만두고 집에 가는 것도 고려해볼 만하다. 대부분의 경우 그런 행동이 괘씸하고 불쾌하게 비칠 수 있지만 그렇다고 관계가 끝나버리지는 않는다. 오히려 상대는 그동안 자신의 행동이 지나치지 않았나 돌아보며 잘못을 구하게 된다. 왜냐하면 남자가 미리 자신의 느낌과 생각을 정확하게 말해주었기 때문이다.

남자는 다만 말한 대로 행동했을 뿐이다. 여자 친구에 대한 사랑은 변함 없이 그녀의 성숙하지 못한 행동과 말에 단호하게 대처한 것이다. 위와 같이 경계를 세우고 그에 따라 행동하는데 상대가 그것을 이해하지 못한다면 당장은 아프겠지만 차라리 헤어지는 것이 낫다. 상대는 아직 정서적으로나 인격적으로 연애하기에 성숙하지 못한 상태일지 모른다.

자기 영역의 한계를 잘 설정하면 오히려 상대를 성장하게 할 수 있다. 상대로 하여금 자신의 책임이 무엇인지 깨닫고 배려의 말과 행동을 하게 하기 때문이다. 이성 교제는 긴밀하고 장기적인 관계이므로 말과 행동을 통해 서로에게 깊은 영향을 미친다.

"더 사랑하는 사람이 항상 더 상처 입는다"는 말은 그야말로 옛말이다. 사랑하는 사이에도 자기 영역을 세우고 유지할 필요가 있다. 그것은 "나는 당신을 사랑하지만 당신의 문제를 대신 떠맡지는 않을 것"이라고 말하는 것과 같다. 올바른 직면을 통해 두 사람의 관계가 더욱 가까워지고 깊어지며 보다 큰 의미를 갖게 된다. 두 사람이 얼마나 자신의 말과 행동에 스스로 책임을 지고 자기 영역을 상대에게 인식시키느냐는 둘이 얼마나 친밀한 관계에 있는지 알려주는 잣대다. 친밀하고 성숙한 관계의 기준은 영역의 한계를 세우는 능력에 달려 있다.

:: coaching point ::

영역 세우기 꼭 필요한 일인가?

❶ 영역 세우기란 내가 누구인지, 내 영역은 어디까지인지, 어느 정도 상대를 수용할 수 있는지 그 한계를 말로 상대에게 알리는 것이다.
❷ 영역 세우기는 상대를 지배적으로 통제하고 바꾸려는 게 목적이 아니다. 꼭꼭 눌러둔 감정이 엉뚱한 데서 터지지 않도록 사전에 서로가 상대의 영역에 침범하지 않게 자기 영역에 대한 정보를 주는 것이다.
❸ 영역 알리기는 본인의 책임이다. 상대가 알아서 내 필요를 채워주겠지 하며 기대하면 실망하기 쉽다.
❹ 영역 세우기, 처음엔 껄끄러워도 나중엔 만족! 평소에 영역 세우기가 잘 되어 있으면 서로가 보다 더 책임 있게 행동하고 말하게 된다. 나를 지키고 상대를 성장하게 만들어 보다 친밀하고 성숙한 관계를 만들어갈 수 있다.

03 거절에도 양도가 있다

　남의 부탁을 거절한다는 것, 말은 쉬워도 실천하기란 정말 어렵다. 왜냐하면 "아니요"라고 말하기가 매우 부자연스럽고 심리적 부담감이 크기 때문이다. 다양한 심리적 이해와 유연하면서도 단호한 거절의 기술을 배우지 않으면 '거절'은 힘든 일이 되고 만다.

　특히 여성의 경우 더욱 어렵게 느낄 수 있다. 남성보다 관계지향적인 성향이 강하기 때문이다. 어려서부터 받은 교육과 역할 규범의 영향도 있다. 즉 "여자는 착하고 예의 바르고 다른 사람을 배려해야 한다" 등의 고정관념 때문이다. 그래서 내가 남들에게 어떻게 보이느냐를 대단히 중요하게 생각한다.

정신과 의사이자 심리 상담자인 내넷 가트렐은 여성 입장에서 여성이 다른 사람의 부탁이나 요구를 거절하기가 얼마나 힘든지 아주 잘 설명하고 있다. 여성이 가진 공감 능력, 사려 깊음, 관대함, 연민 그리고 상실의 공포가 거절을 어렵게 하고 영역의 한계 세우기를 가로막고 있다고 했다.

"노!"라고 말하는 건 좋은 관계를 유지하길 마음속 깊이 열망하는 우리 여성들에겐 실로 투쟁이라 할 수 있다. 우리가 중요시하는 '관계'를 허물어뜨리지 않고도 단호해지는 것, 우리의 안녕과 생계를 위험에 빠뜨리지 않고도 사려 깊은 사람이 되는 것, 그러나 이 두 가지는 우리 인생에서 가장 두려운 도전이다. 여성들은 거절을 할라치면 마음속에 공감, 타인의 고통에 대한 민감함, 사려 깊음, 연민과 같은 가치를 떠올린다. 나는 여성들이 "노"라고 말하길 주저하는 성향은 이런 것들에서 나오는 것이지 심리적 압박감 때문이 아니라는 사실을 깨달았다. …
여성 대부분은 다른 사람이 필요로 하는 게 뭔지 파악하는 데 무딘 사람을 매력적이라고 생각하지 않는다. 비록 다른 사람의 필요를 채워주는 게 자신에겐 희생과 고난을 가져다주더라도 말이다. 그래서 여성들은 차라리 다른 사람을 돕는 것의 좋은 점과 나쁜 점을 재보고 우리에게 의존하는 타인뿐 아니라 우리 자신의 이익도 버리지 않은 최상의 방법이 무엇인지 찾아내려고 시도해왔다. 이게 바로 여성들의 두뇌가 돌아가는 방식이다. 우리는 연민과 관계에 관한 한 전문가인 것이다(「현명한 그녀는 거절하는 것도 다르다」, 내넷 가트렐 지음, 권영미 옮김, 웅진 지식하우스, p. 4-8).

거절은 왜 부담스러운 일인가?

상담 심리를 전공한 나는 영역의 한계를 세우는 방법과 거절에 관한 지식이나 기술을 기본적으로 잘 알고 있다. 상담 받으러 오는 사람들에게 올바른 대화 방법뿐 아니라 거절하는 방법을 훈련시키기도 한다. 그럼에도 개인적으로는 여전히 사람들의 요구나 부탁을 거절하는 데 어려움을 많이 느낀다.

'왜 그럴까?' 하고 내 속마음을 들여다보면 거절당하는 사람의 아픔을 의식하게 되어 그런 것 같다. 상대가 느낄 심리적 압박감을 생각하니 마음이 편치 못해 거절을 주저하게 된다. 어떤 때는 분명히 거절할 상황인데도 불구하고 '차라리 내가 좀 손해 보고 말지' 하는 마음으로 상대의 부탁을 들어주게 된다.

거절을 당해본 사람은 거절당하는 사람의 아픔을 안다. 아마 대부분 거절을 당해본 경험이 있을 것이다. 그때 기분이 어떠했는가? 자신이 바라고 원하던 기대가 무너져 내리는 실망에 절망감을 느낄 것이다. 그로 인해 마음에 상처를 입고 슬프고 우울해질 수도 있다. 상대가 나의 가치를 인정하지 않는다고 생각되어 화도 날 것이다. 이렇듯 자신이 거절했을 때 상대가 겪을 고통을 알기 때문에 거절이 힘들어진다.

또 거절하면 상대와 좋은 관계를 계속 유지할 수 있을까 하는 불안, 걱정, 두려움 같은 부정적인 감정이 들기 때문에 거절하기가 어렵다. '다시는 내게 부탁 같은 거 하지 않으면 어떡하지?', '나와 헤어지자고 할까 걱정이야', '부탁을 들어주지 않으면 나를 따돌리고 비난할 거야', '사랑을 잃어버릴 것 같아 불안해' 하는 생각에 거절하기를 스스로 두려워한다.

'나는 착한 사람이기 때문에 거절할 수 없다'는 생각이 있으면 거절이 어렵다. 무언가를 거절하는 사람의 마음은 편치 않다. 왜 마음이 불편한지 들여다보면 그것이 우리가 배웠던 교육 방식 내지는 규범 때문임을 알 수 있다. 즉 '상대를 배려하지 않고 거절해서는 안 된다' 혹은 '거절하는 것은 도의적으로 잘못된 일'이라는 생각 때문에 생기는 저항감이다. 이러한 규범으로 인해 당연한 거절을 할 때조차 죄책감이 생길 수 있다. 이 죄책감이 생기는 마음을 찾아 더 깊이 들어가보면 '나는 착하고 좋은 사람이어야 한다'는 잘못된 신념이 자리 잡고 있다.

마지막으로, 여러 가지 피치 못할 사정으로 "예스" 하는 경우가 있다. 상호호혜의 원칙을 따라 상대에게 신세를 갚기 위해 상대의 부탁을 들어주는 경우다. 혹은 상대의 고의적인 책략에 말려들어 어쩔 수 없이 거절을 못하게 된 경우다. 갑자기 부탁하면서 퇴근해버린다든지 급한 상황을 핑계로 도움을 요청하면 어쩔 수 없이 승낙하게 될 때가 있다.

거절할 때 당사자가 느낄 심리적 부담을 정리하면 다음과 같다.

첫째, 거절당하는 사람의 아픔을 의식하게 된다.
둘째, 상대와 관계를 지속할 수 있을까 하는 불안과 걱정, 두려움 같은 부정적인 감정을 느낀다.
셋째, '나는 착한 사람이기 때문에 거절할 수 없다'는 생각을 가지고 있다.
넷째, 여러 가지 피치 못할 사정으로 거절하지 못해 속을 끓일 수 있다.

앞서 살펴보았듯이 거절할 때 느끼는 심리적 갈등은 상대와 원만한 관계를 계속 유지하고 싶다는 욕구로 인해 생긴다. 그렇다면 관계를 건강하게 유지하면서도 자신을 위해 거절할 수 있는 균형감을 찾아야 한다. 다른 사람을 진정으로 위하면서도 자신의 영역을 구축해나가는 유연함과 단호함도 필요하다. 이러한 타협점을 찾기 위한 무엇이 올바른 사고방식인지 생각해보자.

거절의 긍정적인 결과를 바라보라

살다보면 거절하거나 승낙해야 하는 갈등 상황이 많이 벌어진다. 갈등 상황은 대개 우리가 어떤 식으로 선택하는가에 따라 그 결과가 달라진다. 그래서 특정 상황을 해석하는 방식과 능력이 중요하다. 지혜로운 해석 방법은 '거절의 부정적인 면을 이해하되 긍정적인 결과에 초점을 맞추기'다. 먼저 긍정적인 결과를 살펴보겠다.

첫째, 거절하는 상황을 변화와 성숙의 기회로 삼을 수 있다.

갈등이 생기면 고통스러운 게 당연하다. 우리는 고통을 당하면 그 가운데서 어떤 변화를 시도하게 된다. 어떤 의미에서 갈등과 고통은 행동 방식을 바꿀 때가 되었음을 알려준다.

변화는 고통을 통해 창조된다. 고통은 사람들이 저마다 건드리면 아픈 부분, 그래서 조심하고 존중해줘야 하는 부분이 무엇인지 알려준다. 상대에게 해서는 안 되는 행동과 말, 태도들을 가르쳐준다. 성경에서 야고보 사도는 갈등이 우리를 온전한 사람으로 성숙케 할 수 있다고 말했다.

> 내 형제들아 너희가 여러 가지 시험을 당하거든 온전히 기쁘게 여기라 이는 너희 믿음의 시련이 인내를 만들어내는 줄 너희가 앎이라 인내를 온전히 이루라 이는 너희로 온전하고 구비하여 조금도 부족함이 없게 하려 함이라 (약 1:2-4).

둘째, 잘 거절하면 두 사람의 관계가 더 좋아지고 신뢰감이 생기며 자유할 수 있게 된다.

어떤 일을 거절한 덕분에 더 중요한 다른 일을 승낙할 수 있게 된 경우다. 또한 현명한 거절 방법을 터득하고 나면 자신이 존중받을 가치가 있다는 사실을 이해하게 된다. 건강한 관계를 수립할 수 있는 능력과 스스로 선택한 삶을 창조해나가는 능력을 배우게 된다.

거절 당한 상대는 처음에는 마음이 상할 수 있지만 차츰 거절한 사람의 영역을 파악하며 이해의 폭을 넓혀갈 것이다. 그리고 거절당하는 게 생각만큼 고통스러운 일이 아니라는 사실도 알게 된다. 거절당하는 사람의 고통에 공감하는 능력도 향상된다.

거절의 부정적인 면은 잘못하면 서로에게 좌절감과 실망을 안겨주고 관계가 악화된다는 점이다. 거절을 통해 생기는 부정적인 감정으로 인해 이성적으로 생각하지 못하게 될 수도 있다. 머리는 차갑고 가슴은 따뜻하게 해야 친밀하고 신뢰할 수 있는 관계가 형성되는데 그 반대 현상이 일어나는 것이다.

자신의 삶에 초점을 맞추라

인생은 관계의 집합이라고 할 수 있다. 그러므로 관계가 원만하고 좋아야 행복해질 수 있다. 그렇다면 관계의 우선순위와 관계에 대한 지식과 지혜에 대해 알아야 한다.

우리가 맺고 있는 관계는 크게 세 가지로 나눌 수 있다. 어떤 사람은 '좋은 관계', '나쁜 관계', '그저 그런 관계'로 정리했는데 나름대로 그럴 듯하다. 나는 '하나님과의 관계', '자신과의 관계' 그리고 '다른 사람과의 관계'로 나누어서 생각해보겠다.

이 세 가지 관계의 우선순위는 성경 말씀에 잘 나와 있다.

그런즉 너희는 먼저 그의 나라와 그의 의를 구하라 그리하면 이 모든 것을 너희에게 더하시리라(마 6:33).

예수님은 우리에게 먼저 하나님과의 관계에 관심을 가지라고 말씀하신다. 하나님과의 관계가 잘 이루어지면 다른 관계에도 질서가 생긴다.

다음은 자신과의 관계다. 자신을 사랑하지 못하면 다른 사람을 사랑하기 어렵다. 자신도 사랑하지 못하는데 어떻게 남을 사랑할 수 있겠는가? 자신이 모르는 사실과 지혜를 다른 사람에게 알려주고 가르쳐줄 수 없듯이 자기 자신을 소중히 여길 줄 모르면 다른 사람 역시 소중히 여기며 돌보는 일을 잘할 수 없다. 자신을 사랑하며 건강하게 유지하는 일은 결국엔 다른 사람을 편하게 하는 일이다.

그러므로 자신의 인생을 좀 더 소중하게 생각하는 태도가 중요하다. 상대의 기분만 염려하고 받아들인다면 자신을 소중하게 생각한다고 말하기 어렵다. 필요한 경우 거절의 말을 할 수 있는 능력을 키우는 것은 곧 자신을 잘 돌보는 것과 같다.

상대의 부탁을 잘 거절하는 방법과 요령을 터득하는 것은 자신을 소중하게 생각하며 살아가기 위한 수단이기도 하다. "아니요"라고 말한다고 해서 상대의 도움이나 부탁을 죄다 거절하겠다는 뜻은 아니다. 오로지 어떠한 사안에 대하여 거절하는 결정을 내리는 것일 뿐이다. 지금은 거절해도 다른 경우에 상대에게 여전히 도움을 주는 친절한 사람이 될 수 있다.

자신의 독립성과 존재 가치를 알려라

거절의 올바른 의미와 중요성을 이해하면 필요할 때 "아니요"라고 말할 수 있게 된다. 잘못된 인식으로 인해 생기는 부정적 감정이나 불편한 심리적 갈등도 많이 해소될 수 있다. 지혜로운 거절은 자신이 선택의 자유를 가진 독립된 인격체라는 사실을 확인하고 자신의 존재 가치를 상대에게 알리는 과정이다. 상대를 통제하려거나 변화시키려는 의도가 아니라 나의 존재 방식을 알리는 정보 전달 과정인 것이다. 그래서 남의 부탁을 거절하는 행동이나 말은 나쁜 일이 아니다. 다만 우리가 스스로 선택하고 결정

내린 자신의 생활 방식과 삶의 영역을 알리는 일일 뿐이다.

거절은 자신의 독립성과 개성을 관계 속에서 상대에게 알려줄 수 있는 기회이기도 하다. 바람직한 인간관계는 의존적이고 종속적인 관계가 아니라 동등하고 독립적인 관계다. 필요한 거절의 말은 상대에게 자신의 생각과 취향, 성격을 알려줌으로써 상대가 나를 독립적인 존재로 인정하도록 만들어 간다. 그렇게 하기 위해선 바른 방식으로 거절할 줄 알아야 한다.

첫째, 거절할 때는 핑계를 대지 않고 이유를 당당하게 말하라.

거절은 피치 못할 상황에서 떠밀려서 내린 결정이 아니라 스스로 선택한 일임을 기억하라. 상대에게 나의 거절을 납득시키기 위해 장황하게 변명을 늘어놓거나 설명할 필요가 없다. 어설픈 이유를 대면 그로 인해 논쟁이 벌어지거나 상대에게 헛되이 기대할 여지를 남기게 된다. 내가 상대의 부탁을 거절한다는 것은 상대가 무언가를 포기해야 한다는 것을 의미하므로 상대가 기뻐하지 않을 것이 당연하다.

그런데 원하는 것을 언제나 얻어야 한다는 법은 세상 어디에도 없다. 우리는 다른 사람의 바람을 채워주려고 세상에 존재하는 것이 아니다. 다른 사람들 역시 나의 바람을 채워주려고 존재하지 않는다. 그러므로 거절할 때는 "다른 사람이 나의 선택을 존중하도록 요구할 자격이 내게 있다. 다른 사람이 동의하지 않더라도 나는 스스로 옳다고 생각하는 대로 결정한다"라는 마음가짐이 필요하다. 그러므로 상대의 요청을 거절할 때 그 이유를 꼭 말하지 않아도 된다.

마태복음에서도 예수님이 포도원 품꾼들의 비유를 통해서 말씀하신다.

> 친구여 내가 네게 잘못한 것이 없노라 네가 나와 한 데나리온의 약속을 하지 아니했느냐 … 내 것을 가지고 내 뜻대로 할 것이 아니냐(마 20:13-15).

여기서 주인은 이유를 제시할 의무가 없으며 또는 변명이나 핑계를 댈 필요성을 느끼지 않는다.

나의 주인은 나 자신이다. 그래서 자신이 결정하고 선택한 의사라면 이유를 대지 않고 당당하게 밝혀도 된다. 윌리암 백커스는 「서로 진실을 말합시다」에서 "피차 사랑의 빚 외에는 아무에게도 아무 빚도 지지 말라"(롬 13:8)는 말씀을 정반대로 믿는 사람은 "당신은 요청하는 모든 사람에게 빚을 지고 있다. 그것은 당신이 율

법 아래 있어서 아무에게든지 아무것도 거절할 수 없기 때문이다"라는 신조를 가지고 있다며 거절에 대해 잘 말해주고 있다.

물론 필요한 경우에는 거절하는 이유를 설명해야 할 때도 있다. 상대가 오해하지 않도록 충분히 이해시켜야 할 경우다. 이때는 단지 단호하게 거절을 표시하기보다는 거절할 수밖에 없는 자기 내면의 욕구를 말하면 된다. 자신의 어떤 욕구 때문에 거절하는 것인지 밝히는 것이다.

예를 들어 산으로 놀러가자는 연인의 요청을 거절해야 하는 상황을 가정해보자. 이럴 때는 자신이 갈 수 없음을 단호하게 밝히기만 하기보다는 왜 갈 수 없는지 구체적으로 설명하는 것이 바람직하다.

case 1. 단호하게 거절하기만 하는 경우

A : 우리 이번 주말에 산으로 놀러가지 않을래?

B : 주말에 할 일이 너무 많아서 안 돼.

A : 그래? 나는 이번 주말 아니면 시간이 안 되는데. 웬만하면 같이 가자.

B : 그래도 안 돼. 혼자 갔다 와.

A : … (항상 자기만 생각하는 이기주의자야.)

case 2. 자신의 욕구를 잘 설명하는 경우

A : 우리 이번 주말에 산으로 놀러가지 않을래?

B : 나와 같이 가고 싶은 거구나. 나도 가고 싶지만 할 일이 많아서 못 갈 것 같아. (상대의 느낌을 표현한 후 자기 의견을 말함)

A : 그래? 나는 이번 주말 아니면 시간이 안 되는데. 같이 가자.

B : 웬만하면 시간을 내겠는데 중요한 일이라서 힘들겠어. 나도 너랑 같이 가고 싶은데.

A : 그러면 다음에 우리 둘 다 시간 날 때 갈까?

B : 그래. 언제가 좋을까?

둘째, 상대나 상대의 부탁을 평가하지 말라.

상대의 불필요한 질문에 일일히 대답하지 않은 채 상대의 부탁을 들어줄 수 없다는 내용만 전하면 된다. 또한 집요한 질문으로 논쟁을 유도할 때 휘말리지 않고 자신의 거절을 강조해서 말해야 한다. 요청에 대해 평가를 하거나 상대를 책잡아 비난하면 상대가 당신의 거절을 부정적으로 해석하고 오해할 수 있다. 당신의 독립성과 존재 가치를 인식하기보다는 기분이 상해서 방어적이거나 공격적인 태도로 나올 수 있다.

case 1. 거절의 내용만 전달하는 경우

A : 디지털 카메라 좀 빌려줄래?

B : 안 돼.

A : 왜 안 돼?

B : 왜라니? 안 되니까 안 된다는 거지. (상대 질문에 답하지 말고 거절을 반복함으로 결정의 중요성을 알림)

A : 그까짓 게 뭐 그리 대단하다고.

B : 중요하고 안 하고는 내가 결정하는 거야.

A : 하긴 그렇지. 미안하다.

case 2. 요청 내용을 평가하는 경우

A : 디지털 카메라 좀 빌려줄래?

B : 어떻게 디지털 카메라처럼 중요한 물건을 빌려달라고 하니? (요청한 내용을 평가함)

A : 그까짓 게 얼마나 한다고 중요하다고 하니?

B : 그러는 넌 왜 그까짓 카메라도 없어? (상대와 논쟁이 시작됨)

A : 없을 수도 있지! 너는 모든 것을 다 가지고 있냐?

case 3. 요청하는 상대를 비난하는 경우

A : 디지털 카메라 좀 빌려줄래?

B : 너는 항상 빌려 달라고만 하니? (상대를 비난함)

A : 내가 언제 항상 빌렸냐?

B : 몇 달 전에는 텐트 빌렸고 며칠 전에도 돈 빌려 갔잖아.

A : 빌려주기 싫으면 관둬! 치사하게.

셋째, '예스'라고 말했더라도 필요하다면 다시 '노'라고 말하라.
자신이 한 말을 항상 지켜야 할 의무는 없다. 우리에겐 생각을 바꿀 권리가 있다. 실수로 내린 승낙은 언제든 철회할 권리가 있다. 상황이나 자신의 마음이 변하면 새롭게 선택할 자유가 있다.

데이트 후에 연인을 집에까지 태워다주기로 약속한 경우를 생각해보자. 가까운 거리라면 괜찮겠지만 너무 멀거나 대중교통이 훨씬 더 편리한 경우에는 약속을 취소하고 거절할 수 있다. 예상치 못했던 회의가 생길 때 만날 약속을 거절할 수 있다. 그리고 상대가 결정에 영향을 미칠 중요한 사실을 알려주지 않은 경우에는 다시 결정해서 거절할 수 있다. 혹은 요청이나 부탁한 내용이 달라지는 경우에도 거절할 수 있다.

상대가 돈을 잘 갚지 않는다는 사실을 나중에 안 경우에는 빌려주기로 했을지라도 나중에 거절할 수 있다. 이럴 때는 당당하게 거절 의사를 굽히지 말라. 필요한 경우 상대가 불쾌해해도 참아내는 결연함을 보여주는 것이 아주 중요하다. 이런 대화는 빨리 끝낼수록 좋다. 그래야 상대가 더 빨리 포기할 수 있고 마음을 가라앉히고 바뀐 상황에 적응할 시간을 가질 수 있다.

거절로 자신과 시간을 보호하라

　삶의 성공 여부는 시간을 어떻게 활용하느냐에 달렸다고도 할 수 있다. 시간의 귀중함을 깨닫고 잘 사용할 수 있는 지혜가 바쁜 현대인에게 정말 필요하다. 인간은 유한한 공간과 시간을 살아가는 존재다. 그래서 상대의 요청을 다 들어줄 수 없다. 승낙하기 싫거나 해서는 안 되는 부탁을 들어주게 되면 많은 부분을 잃을 수 있다.

　먼저, 상대의 요청을 들어주느라 많은 시간과 에너지를 빼앗길 수 있다. 그러면 억울한 마음이 들 것이다. 애초에 거절하지 못한 자신을 탓하게 된다. 자책이 심해지면 자존감마저 상처를 입을 수 있다. 이렇듯 필요한 거절을 못하면 자신과 시간을 지킬 수 없다.

또 한 가지 알아두어야 하는 것은, 상대의 요구를 잘 들어준다고 해서 사람들의 호감을 얻는 것은 결코 아니라는 점이다. 우리가 승낙해주면 상대는 물론 당시에는 흡족해하며 고맙게 생각할 것이다. 하지만 시간이 지나면서 우리가 베푼 호의를 잊어버릴 수도 있다. 우리의 승낙을 당연한 일로 여기며 다음에도 끊임없이 부탁과 요청을 할 것이다.

이와 관련해서 거절을 잘할 수 있는 방법이 있다. 먼저 자신의 우선순위와 원칙을 세워두는 것이다. 데이트를 하는 연인의 경우를 예로 들어보겠다. 교회 청년부에서 하는 제자훈련, 건강을 위한 에어로빅 운동 그리고 데이트가 겹칠 수 있다. 이럴 경우를 예상해서 자신이 세운 원칙에 따라 우선순위를 매겨둔다. 우선순위를 제자훈련, 데이트, 에어로빅 순으로 세웠다고 가정하자. 이중에서 두 가지 혹은 세 가지 일이 겹칠 때는 우선순위에 따라 무엇을 할지 결정하면 된다.

남자 친구가 데이트 하자고 할 때 제자훈련이 겹치면 남자 친구에게 자신의 우선순위와 원칙을 알리고 정중하게 거절할 수 있다. 대안으로 다른 시간에 약속을 하면 된다. 거절당할 때 상대가 자신을 사랑하지 않기 때문에 거절하는 것이라고 생각하면 마음에 상처가 된다. 이는 상대를 제대로 이해한다기보다는 주관적으

로 해석해서 받는 고통이다.

　상대는 데이트를 거절당하면 처음에는 당황하거나 섭섭해할 수 있다. 그런데 기준이 되는 우선순위를 이해하고 나면 거절을 한결 덜 개인적인 것으로 받아들일 수 있게 된다. 그래서 보다 쉽게 수용할 수 있게 된다. 거절을 인정 없고 쌀쌀맞은 거부가 아니라 우선순위에서 밀린 것이라고 해석하게 되는 것이다.

　이렇게 하면 모든 일에 합리적이고도 명쾌한 이유가 생기게 된다. 그 결과 유연하면서도 균형 잡힌 결정을 내리는 데 주저하거나 거칠 것이 없어진다. 어찌 보면 우선순위의 원칙을 세우는 것은 거절의 가장 중요한 부분이다.

　우선순위가 잡혀 있지 않은 경우라도 자신이 세운 원칙을 인식하면 상대의 요구를 어렵지 않게 거절할 수 있다. 즉 '필요한 일'과 '내가 원하는 일'을 분류하는 것이다.

　우리의 삶 속에서 승낙과 거절은 둘 다 중요하다. 그런데 둘 중에 하나를 선택해야만 하는 상황에서는 '필요한 일'에 비중을 두면 더 나은 결정을 할 수 있다. 다른 사람이 내게 무언가를 요청할 때 그것이 내가 '하고 싶은 일'인지 아니면 나에게 꼭 '필요한 일'인지 고려해보자.

하고는 싶지만 다른 '필요한 일'이 있으면 거절하는 경우도 생긴다. 예를 들어 데이트와 시험 준비가 겹쳤다고 하자. 데이트는 하고 싶은 일이지만 과연 지금 꼭 필요한 일인지 생각해봐야 한다. 시험 준비는 당장 하지 않으면 망칠 수 있으므로 꼭 필요한 일로 분류할 수 있다. 이럴 때 시험 준비를 하기 위해 데이트를 거절할 수 있다.

원칙을 세워두면 다른 사람의 계획에 휩쓸려 자신의 시간과 에너지를 낭비하지 않아도 된다. 게다가 상대가 받을 심리적 부담감을 걱정하는 일 없이 자신이 무슨 일을 할지 쉽게 선택할 수 있다.

거절로 오히려 관계가 깊어진다

잘 거절하지 못하는 사람은 "아니요"라고 말하지 못한 자신이 못마땅해서 스스로에게 짜증이 날 것이다. 자기 삶을 스스로 주장하지 못해서 좌절감도 맛볼 것이다. 상대의 요청을 피하기 위해 거짓말로 핑계를 대거나 변명을 늘어놓았다면 죄책감도 느낄 수 있다. 이렇게 생기는 부정적인 감정은 스스로에게 상처를 입히고 자존감을 해친다.

상대 역시 '거절하지 못하는 사람들'의 영역의 한계를 잘 이해하지 못해 많은 혼란을 겪을 수 있다. 예를 들어, 상대가 좋아하는 줄 알고 어떤 취미 활동이나 기호 음식을 제안하고 함께했는데 나중에 가서야 실은 상대가 그것을 좋아하기는커녕 곤욕스러워했다는 사실을 알면 기분이 어떻겠는가?

연인은 상대의 표정을 읽고 직감적으로 기분이 별로 좋지 않음을 알아차릴 것이다. 그래서 '나와 함께 영화 보는 게 싫구나' 혹은 '내가 싫어졌나?', '오늘은 기분이 별로네' 등으로 상황을 잘못 넘겨짚을 수도 있다. 의도와는 달리 상대를 오해하고 왜곡되게 인식하면서 두 사람의 관계는 점점 나빠진다.

진실로 거절할 수 없다면 진짜 필요한 일도 승낙할 수 없는 경우가 생긴다. 서로를 이해하고 좋은 관계를 형성하기 위해서는 무언가를 포기해야 한다. 거절해야 할 때가 있다는 뜻이다. 사랑하는 사람에게 자신의 불만을 포함한 욕구를 잘 표현한다면 둘의 관계는 더욱 친밀해질 것이다. 때로는 거절이 둘의 관계를 더 깊게 만든다.

거절도 연습해야 한다

거절하는 말을 할 때면 누구나 심리적으로 저항감과 불편함을 느끼게 된다. 평소 잘 사용하지 않은 말이라 하기가 낯설고 어색할 수도 있다. 거절하는 건 타고난 능력이 아니라 연습이 필요한 일이다.

거절하는 말은 연습해야 익숙해진다. 익숙해지면 상세한 설명이나 이유, 변명을 하지 않고 "아니요"라고 말하는 것에 대한 거부감을 어느 정도 이겨낼 수 있다. 적절하고 표준화된 거절 방법을 외워서라도 입에 붙어 있도록 해야 한다. 거절은 바르게 알고 익혀야 할 능력이다.

거절을 지혜롭게 잘하는 사람들을 보면 대부분이 끊임없이 결심하고 많이 노력한 덕분임을 알 수 있다. 일단 거절을 하기 시작하면 "아니요"라고 말하는 게 기대되고 더 잘할 수 있게 된다. 그러면서 거절하는 경우도 차츰 많아지고 거절에 성공할 확률도 높아진다.

거절을 연습할 때는 마음자세도 매우 중요하다. 거절을 잘할 수 있는지의 여부보다는 자신이 거절할 수 있다는 신념과 자신감이 더 중요하다. 그래서 거절을 연습할 때 "나는 거절과 승낙을 자유롭게 스스로 선택할 수 있다" 하는 자신감을 가져야 한다. 스스로 선택할 수 있다고 느낄 때 마음이 편안하고 삶이 여유롭고 자유로워진다.

전주 KCC 이지스 팀의 허재 감독은 농구 경기에서 4쿼터 마지막 결정적인 슛을 할 때는 자신감이 가장 중요하다고 했다. 자신감이 없는 선수는 그 슛을 쏠 수도 없고 쏜다고 해도 성공하지 못한다는 것이다. 마찬가지로 자기 인생에 대해 올바른 통제권과 선택권을 스스로 지키고자 한다면 때론 다른 사람의 요청을 과감히 거절할 수 있다는 신념을 가지고 있어야 한다.

:: coaching point ::

거절에도 왕도가 있다!

❶ 거절의 긍정적인 결과를 바라보라. 거절해야만 하는 고통스러운 상황은 오히려 나와 상대가 변화하고 성숙해지는 기회가 될 수 있다.
❷ 나와 내 삶에 초점을 맞추라. 적절하게 거절함으로써 나를 사랑하고 건강하게 유지해야 정말 필요한 경우에 다른 사람에게 도움을 줄 수 있다.
❸ 거절할 때는 핑계를 대지 말고 이유를 당당하게 말하라.
❹ 상대나 상대의 부탁을 평가하지 말라.
❺ '예스'라고 말했더라도 필요하다면 다시 '노'라고 말하라.
❻ 거절도 연습하라. '나는 거절과 승낙을 스스로 선택할 수 있는 사람'이라는 사신감을 가져라.

닫는 글

내 마음이 들리니?

가정과 교회, 직장에서 만나기만 하면 다투거나 잔소리하게 되거나 아예 말이 통하지 않아 마음을 닫아버리고 '적절한' 거리를 두며 지내게 되는 사람들이 있다. 이들 중 대다수는 역기능 가정 환경에서 자라 일찍이 원만한 관계를 경험해보지 못해 건강한 관계를 맺지 못하는 경우가 많다. 낮은 자존감과 비합리적인 생각, 부적절한 의사소통도 빠뜨릴 수 없는 주요 원인이다. 이들은 상담과 의사소통 교육을 통해 치유되고 건강한 인간관계를 맺을 수 있다. 전문가의 상담을 통해 상처 입은 마음을 치유하고 합리적인 신념을 갖게 될 것이다. 자존감도 회복될 수 있다.

심리 상담을 전공하고 전문 상담가로 일하면서 특히 의사소통이 얼마나 중요한지 매 순간 느낀다. 내담자를 수용하고 지지하는 데 있어 꼭 필요한 것이 의사소통의 한 방법인 공감이기 때문이다. 공감은 다른 사람이 느끼는 것을 함께 느낄 수 있는 능력이다. 상대의 입장이 되어 그의 마음을 알아주는 능력이다.

내담자의 정서적 경험을 이해하려고 노력할 때 상대는 지지를 받고 있다고 느끼게 된다. 그리고 마음의 문을 열게 되고 그러면서 자신의 상황이나 문제를 말하게 된다. 이러한 과정을 거치면서 내담자는 상담자가 자신을 이해하고 지지했듯이 자신을 수용할 수 있게 된다. 자기를 수용할 줄 알아야 내담자는 문제를 극복할 수 있고 변화하며 성장하게 된다. 이러한 변화와 치유를 예방 차원에서 많은 사람들에게 알려줄 수 있다면 정말 보람된 일일 것이다.

한번은 어느 단체에서 '리더 훈련과정' 중에 대화 방법을 강의해 달라는 요청을 받았다. 이런 교육은 실습과 반복훈련이 필수인데 과연 짧은 시간 안에 이런 일을 할 수 있을지 의문이었다. 다행히 결과는 예상외로 좋았다. 교육을 받은 사람들은 그런 방법이 있다는 사실에 놀라며 새로운 지식과 지혜를 얻은 것에 기뻐했다.

그렇지만 일회성 강의로는 서론적이고 원론적인 내용밖에 다

룰 수 없다는 한계를 느꼈다. 강의 내용을 잊어버리거나 이후로 활용하지 않을 경우 교육이 제 효과를 발휘하지 못할 것이 걱정되었다. 배운 것을 실생활에 적용하지 못할 경우 재교육이 필요하지만 현실적으로 다시 강의를 받기도 어렵다. 이러한 단점을 이 책이 보완해줄 것을 기대해본다. 경험에서 나온 지혜와 지식을 글로 전달하는 데는 한계가 있겠지만 실생활에 적용할 수 있게 원리를 쉽게 정리했다.

어느 상담학 교수는 "연인이나 부부 사이에 다툼과 잔소리가 많아진다면 공감 부족이라고 생각하면 맞다. 공감은 천국의 방언이다"라고 말했다. 상대는 언제나 자신의 마음을 알아달라고 우리에게 요청하고 있다. 부디 이 책을 통해 자신의 생각을 말하기 전에 먼저 상대의 마음을 공감하고 이해하는 지혜를 배워 건강하고 멋진 대화를 누리기 바란다.

:: appendix ::

감정 단어장

욕구가 충족된 느낌을 나타내는 말

감격하다	놀라다	신뢰하다
감동하다	더없이 행복하다	안도하다
감사하다	득의양양하다	안정되다
감탄하다	들뜨다	열감을 받다
고맙다	따뜻하다	열광적이다
고무되다	마음에 흡족하다	열렬하다
관심을 가지다	마음이 넓다	열정이 넘치다
궁금하다	마음이 놓이다	열정적이다
근심 없다	마음이 열리다	열중하다
기대하다	만족스럽다	영광스럽다
기분이 들뜨다	매우 기쁘다	용기를 얻다
기뻐 날뛰다	멋지다	유쾌하다
기뻐하다	명랑하다	의기양양하다
기쁘다	반갑다	자신만만하다
기쁨에 넘치다	사랑스럽다	자신에 차다
긴장을 풀다	상냥하다	자유롭다
깊은 애정	상쾌하다	정신이 바짝 들다
낙관하다	생기가 돌다	좋아하다
낙천적이다	숨 가쁘다	즐겁다

짜릿하다	평화롭다	훌륭하다
차분하다	행복하다	흡족하다
찬란하다	호기심이 들다	흥미를 가지다
충족되다	호기심이 강해지다	흥분되다
친근하다	환희	흥분하다
침착하다	활기 있다	희망에 차다
쾌활하다	활기에 차다	희열에 넘치다
편안하다	활발하다	
평온하다	황홀하다	

욕구가 충족되지 못한 느낌을 나타내는 말

가책을 느끼다	격앙되다	골치 아프다
갑갑하다	격정에 압도되다	관심이 없다
걱정되다	경계하다	괴로워하다
겁나다	고독하다	기가 죽다
겁에 질리다	고민스럽다	기분이 언짢다
격노하다	고통스럽다	기운 없다
격분하다	곤란하다	기운을 잃다

긴장되다	무관심하다	슬픔에 잠기다
긴장하다	무기력하다	시무룩하다
깜짝 놀라다	무디다	시샘하다
나태하다	무서워하다	시시하다
낙담하다	미지근하다	신경 쓰이다
낙심하다	민감하다	신경과민
냉담하다	민망하다	실망하다
냉정하다	부끄러워하다	심란하다
노하다	분개하다	심술 나다
녹초가 되다	불만족스럽다	안달하다
놀라다	불안하다	안절부절 못하다
답답하다	불안정하다	애도하다
당황하다	불안하다	어쩔 줄 모르다
두렵다	불편하다	억울하다
뒤숭숭하다	불행하다	언짢다
마음 내키지 않다	비관적이다	열망하다
마음 상하다	비참하다	외롭다
마음에 상처 입다	상심하다	용기를 잃다
마음이 안 놓이다	섭섭하다	우려하다
맥 풀리다	성가시다	우울하다
못마땅하다	성나다	울적하다
무감각하다	슬프다	원한을 품다

음울하다	주저하다	탐내다
의기소침하다	지겹다	풀이 죽다
의심하다	지루하다	피곤하다
적대감	지치다	피로하다
전전긍긍하다	질리다	혼란스럽다
절망하다	짜증나다	화나다
정 떨어지다	초연하다	회의적이다
조바심 내다	초조하다	흥분하다
졸리다	충격을 받다	힘겹다
좌절하다	침울하다	

* 「비폭력대화」, 마셜 B. 로젠버그 지음, 캐서린 한 옮김, 바오, p. 74-76.